altbewährt & neu entdeckt

altbewährt & neu entdeckt

Natürliche Hausmittel aus
Großmutters Zeiten

RACHELLE BLONDEL
Fotos von CATHERINE GRATWICKE

Lifestyle
BUSSE
SEEWALD

Inhalt

Im Garten 68

Gesundheit aus der Natur 90

Schönheit aus der Natur 114

Vorwort

LIEBE LESERIN, LIEBER LESER,

FÜR MICH IST DIESES BUCH, DAS SIE IN HÄNDEN HALTEN, ZU EINER ECHTEN „ALLTAGSBIBEL" GEWORDEN UND ICH HOFFE, DASS ES IHNEN WÄHREND DES LESENS GENAUSO GEHEN WIRD. VIELLEICHT ERKENNEN SIE EBENSO WIE ICH DIE NAHEZU MAGISCHEN FÄHIGKEITEN MEINER FREUNDIN RACHELLE, AUS DEM EINFACHEN ETWAS GANZ BESONDERES ZU MACHEN. EHE SIE SICHS VERSEHEN, WIRD DIESES BUCH IHNEN HELFEN, SICH BEWUSSTER MIT IHREM ALLTAG AUSEINANDERZUSETZEN UND STRESS ZU REDUZIEREN.

ES ZEIGT VIELE MÖGLICHKEITEN AUF, DIE ZEIT FÜR EIN WEILCHEN STILLSTEHEN ZU LASSEN UND EINMAL TIEF DURCHZUATMEN, DIE SCHÖNHEITEN DER NATUR WIEDER WAHRZUNEHMEN UND IN EINKLANG MIT KÖRPER, SEELE UND GEIST ZU GELANGEN.

WENN WIR UNS DARAUF EINLASSEN, DANN KÖNNEN UNS ALTES WISSEN UND ALTE PRAKTIKEN DIE FÄHIGKEIT VERLEIHEN, DAMIT AUCH IN DER HEUTIGEN ZEIT FÜR UNS UND UNSEREN PLANETEN VERANTWORTUNG ZU ÜBERNEHMEN. DEN EINFACHEN TÄGLICHEN

RITUALEN BEI DER HAUSHALTSFÜHRUNG, DER KÖRPERPFLEGE UND DER GESTALTUNG UNSERER UMGEBUNG WIEDER MEHR GEWICHT ZU GEBEN, KANN FREUDE UND DANKBARKEIT AUSLÖSEN.

AN EINEM HABE ICH KEINEN ZWEIFEL: WENN SIE ERST EINMAL EIN PAAR DER ANLEITUNGEN AUSPROBIERT HABEN, DIE RACHELLE MIT IHREM KNOW-HOW ERSTELLT HAT, WERDEN SIE BALD SCHON SELBST MIT EIGENEN KREATIONEN EXPERIMENTIEREN. UND SOLLTEN SIE SICH AUF DER SUCHE NACH DEM EINFACHEREN, ENTSCHLEUNIGTEN LEBEN BEFINDEN, DANN BIN ICH FEST DAVON ÜBERZEUGT, DASS DIESES KLUGE BUCH EINEN EHRENPLATZ IM REGAL IHRER LIEBLINGSRATGEBER ERHALTEN WIRD.

TIF FUSSELL (DOTTIE ANGEL)

Einführung

DIESES BUCH WURDE VON ALL DEN HAUSFRAUEN, GÄRTNERN, HEIMWERKERN UND KÜCHEN-ALCHEMISTEN INSPIRIERT, DIE SCHON LANGE VOR UNS DIESEN WEG BESCHRITTEN HABEN. Ganz ohne den Schnickschnack der heutigen Zeit fanden sie in natürlichen und schon vorhandenen Dingen Lösungen für ein sauberes Heim und einen gepflegten Garten. Es wurden Zutaten aus dem Küchenschrank, dem Garten oder vom Wegesrand verwendet, um das Haus zu säubern, einen hartnäckigen Husten zu kurieren, die Haut zu erfrischen der Wäsche von Verschmutzungen zu befreien.

Damit diese handwerklichen Fertigkeiten nicht in Vergessenheit geraten, sind einige dieser Kenntnisse und dieses Wissens – zusammen mit einer gehörigen Prise Liebe – in dieses Buch gewandert. Unsere Großeltern waren aus der Not heraus oft gezwungen, kreativ zu werden und das zu verwenden, was ihnen zur Verfügung stand. Dagegen sind wir heute mit jeder Menge Überflüssigem geradezu zugemüllt, von dem wir glauben, darauf angewiesen zu sein, obwohl immer mehr Menschen wieder zu einem einfacheren Leben zurückkehren möchten. Dieses Buch soll Ihnen dabei helfen.

Es ist viel einfacher, als Sie sich vermutlich vorstellen können, das Simple und Natürliche wieder zurück in den Alltag zu bringen. Ja, das Austüfteln neuer Anleitungen verleiht einer stumpfsinnigen Aufgabe sogar etwas Spaß. Und diese Dinge dann dazu zu verwenden, das Leben etwas leichter und erfüllter zu machen und nebenbei auch noch weniger Abfall zu produzieren, ist eine tolle Belohnung.

Ätherische Öle ziehen mit ihrem natürlichen Duft durch das Haus, wenn man sie in Reinigungsmitteln und Duftkerzen einsetzt oder leicht in der Luft zerstäubt. Gleichzeitig kann dieses Öl aber auch Keime und Bakterien in der Luft in Schach halten und damit Husten und Schnupfen vorbeugen. Sie können aus Stoffresten eine herrlich altmodische Daunendecke nähen, um der winterlichen Kälte zu trotzen, oder aber die abgewetzten, nur noch für den Hundekorb tauglichen Decken zu neuen Ehren kommen lassen. Oder Sie fertigen eine Schürze, mit der Sie die Gartenernte genauso einsammeln können wie all das Gute, was in den Blumentöpfen auf der Fensterbank gewachsen ist.

Bevor Sie sich mit einem Haufen Pillen eindecken, bekämpfen Sie harmlose Beschwerden besser mit selbst gemachter Medizin. Buttermilchwickel sind zum Beispiel sehr wirkungsvoll bei Sonnenbrand, und Kümmeltee beruhigt einen rebellischen Darm. Schonendes Mandel- und Rosenwasser verleiht der Haut ein gesundes Strahlen, und wenn sich Pickelchen zeigen, ist es gut, das Akne-Gesichtswasser griffbereit zu haben.

Je mehr Sie über diese nützlichen Helfer und ihre neuen Anwendungen lernen, desto mehr Potenzial werden Sie in allen Dingen um sich herum erkennen. Was bereits weggeworfen wurde, kann vielleicht die Pflanzen nähren oder weiße Wäsche noch weißer machen. Die Natur ist unsere größte Inspiration und wir sollten uns an ihr orientieren, wenn es um die einfachen, alltäglichen Aufgaben geht. So können wir den Platz, an dem wir leben, ein kleines bisschen schöner machen.

Haus und Heim

UNSER ZUHAUSE IST DER ORT, AN DEM WIR UNSER HAUPT BETTEN; DER ORT VOLLER BEHAGLICHKEIT UND GLÜCK. DORT ERHOLEN WIR UNS VON DER TRUBELIGEN WELT DRAUSSEN UND FINDEN IN EINFACHEN, ALLTÄGLICHEN AUFGABEN ERFÜLLUNG. SELBST KLEINE VERÄNDERUNGEN KÖNNEN GROSSE AUSWIRKUNGEN AUF DEN ALLTAG HABEN. AUCH KANN ES FÜR IHR WOHLBEFINDEN NUR VON VORTEIL SEIN, KÜNFTIG STATT AGGRESSIVER REINIGUNGSMITTEL SANFTE SELBST GEMACHTE ZU VERWENDEN. ANDERE PROJEKTE SCHMÜCKEN IHR HEIM ODER MACHEN SICH VERMEINTLICH ÜBERFLÜSSIGEN KRIMSKRAMS ZUNUTZE.

REDUZIEREN SIE IHREN PLASTIKKONSUM AUF EIN PAAR SIMPLE GEGENSTÄNDE IN IHRER KÜCHE. DURCH DIE VERWENDUNG NATÜRLICHER MATERIALIEN STEUERN SIE IHREN BEITRAG DAZU BEI, DIE WELT ETWAS BESSER ZU MACHEN. UND AUCH WENN ER NOCH SO KLEIN ZU SEIN SCHEINT, STELLEN SIE SICH EINFACH VOR, JEDER WÜRDE SO HANDELN. AUS KLEINEN SAMENKÖRNCHEN WACHSEN MÄCHTIGE EICHEN.

Sauber machen

BEVOR DIE SUPERMARKTREGALE VON REINIGUNGSMITTELN, SPRAYS UND MAGISCHEN FLÜSSIGKEITEN ÜBERQUOLLEN, die das Haus keimfrei machen, blieb den Menschen nichts anderes übrig, als sich selbst zu helfen. Dies taten sie häufig mit den alltäglichen Dingen, die rund ums Haus zu finden waren. Anders als die scharfen Mittel heute bestanden diese traditionellen Rezepte meistens aus viel milderen Substanzen, erfüllten ihre Aufgabe aber ebenso gut. Probieren Sie, chemikalienfrei zu reinigen, reiben Sie etwas Bienenwachs als Möbelpolitur auf Ihre Holzmöbel und lernen Sie ein paar der guten, alten Tricks kennen, um das Haus von oben bis unten zu wienern.

HOLZREINIGUNGSTÜCHER

Holzmöbel und Staub sind wie dicke Freunde, die man für einen kurzen Augenblick zwar trennen kann, die aber sofort wieder zusammenfinden, kaum dass man ihnen den Rücken zugewandt hat. Diese Reinigungstücher helfen Ihnen dabei, den Staub fernzuhalten und erfrischen gleichzeitig den ganzen Raum. Bewahren Sie sie in einem verschlossenen Behälter auf, damit sie nicht austrocknen.

SIE BRAUCHEN

1 Rolle dickes Küchenpapier
500 ml warmes Wasser
15 ml weißer Essig
15 ml Glyzerin
5 Tropfen ätherisches Öl

---

1. Die Küchenrolle mit einem scharfen Messer quer halbieren und die Pappe aus der Mitte entfernen.
2. Eine Rollenhälfte in einen verschließbaren Behälter geben, ein großes Marmeladenglas ist ideal. Vergewissern Sie sich, dass der Deckel fest schließt.
3. Alle anderen Zutaten in einen Krug füllen und so lange umrühren, bis das Glyzerin aufgelöst und das ätherische Öl gut verteilt ist.
4. Schnell in den Behälter mit dem Küchenpapier geben, bevor sich das ätherische Öl verflüchtigen kann.
5. Den Deckel schließen und das Papier 5–10 Minuten die Flüssigkeit aufnehmen lassen. Wenn noch etwas Flüssigkeit im Behälter steht oder das Küchenpapier zu nass erscheint, die überschüssige Flüssigkeit abgießen und den Deckel schließen. Nun sind die Reinigungstücher zur Benutzung bereit. Nehmen Sie vorsichtig je eines aus der Mitte der Rolle heraus und wischen Sie damit über das Möbelstück.

BIENENWACHS-MÖBELPOLITUR

Eine einfache Politur für all die Holzteile Ihrer Möbel, die dem verschönernden Farbpinsel entronnen sind. Verwenden Sie sie bestenfalls monatlich, um das Holz zu nähren und es in einem exzellenten Zustand zu erhalten. Wenn Ihnen Mineralöl nicht behagt, dann ersetzen Sie es durch Sonnenblumen- oder Olivenöl. Die Politur ist dann aber etwas kürzer haltbar, da das Öl nach gewisser Zeit ranzig wird.

SIE BRAUCHEN

100 g duftfreies Mineralöl (Babyöl)
20 g Bienenwachs
einige Tropfen ätherisches Öl

---

1. Mineralöl und Bienenwachs in eine Blechdose oder besser noch in ein verschließbares Glas geben, dann das Glas in eine hitzefeste Schüssel stellen und diese über einen Topf mit kochendem Wasser platzieren. Mit einem Holzlöffel umrühren, bis das Bienenwachs komplett geschmolzen ist.

2. Topf von der Platte ziehen und das ätherische Öl einrühren, bis es sich komplett mit dem Öl und dem Wachs verbunden hat.

3. Das Glas mit dem Deckel schließen und beiseitestellen, bis es vollständig abgekühlt ist.

VERWENDUNG

Verwenden Sie diese Politur, um Ihre Holzmöbel aufzufrischen. Polieren Sie diese mit einem sauberen Baumwolltuch und lassen Sie alles etwa 10 Minuten einwirken. Bei Bedarf wiederholen bzw. überschüssige Politur mit einem Tuch abreiben, da diese den Staub wie ein Magnet anziehen würde. Bevor Sie sich aber großflächig über das Familienerbstück im Wert einer Lösegeldforderung für Majestäten hermachen, probieren Sie die Politur an einer kleinen, versteckt liegenden Stelle aus.

beeswax furniture

EIMER FÜR DEN FRÜHJAHRSPUTZ

Es ist diese Zeit im Jahr, in der die Tage heller werden und das funkelnde Frühjahrslicht all die Ecken auszuleuchten beginnt, in die sich seit Monaten kein Putzlappen hinverirrt hat. Hinter dem Sofa sammelt sich der Staub, und es ist höchste Zeit, alles zu verrücken und von Grund auf zu schrubben. Mit diesem praktischen Eimer haben Sie einen verlässlichen Partner, der Sie bei Ihrer gründlichen Inspektion durch alle Räume des Hauses begleitet.

SIE BRAUCHEN

großer Zinkeimer
Klettband zum Annähen und -kleben,
so lang wie der obere Durchmesser des Eimers
2 große Servietten oder Deckchen

---

1. Den Umfang des Eimers am oberen Rand abmessen (Abb. 1) und dieses Maß durch zwei teilen, das ist die Länge jedes Klettbandes. Je nach Platzierung muss das Band eventuell noch etwas gekürzt werden. Das Klettband mit der Klebeseite auf jede Seite des Eimers direkt unter den Rand kleben (Abb. 2).

2. Der annähbare Teil des Klettbandes dient als Maß für den oberen Rand der Serviette bzw. des Deckchens. Wenn Sie in Handarbeiten geübt sind, dann stimmt das Maß vielleicht schon jetzt. Sollte der Stoff jedoch etwas zu groß geraten sein, falten und nähen Sie ihn ab, bis er die passende Breite hat. Dann das Klettband am oberen Rand des Stoffes annähen.

3. Stoff am Eimer befestigen und den unteren Rand nach oben falten, sodass eine Tasche entsteht (Abb. 3). Den Rand befestigen.

4. Jetzt die Seiten und den unteren Rand der Tasche abnähen sowie einige Längsstiche in der Mitte machen, um die Tasche in zwei kleinere Taschen aufzuteilen.

5. Auf der anderen Seite wiederholen.

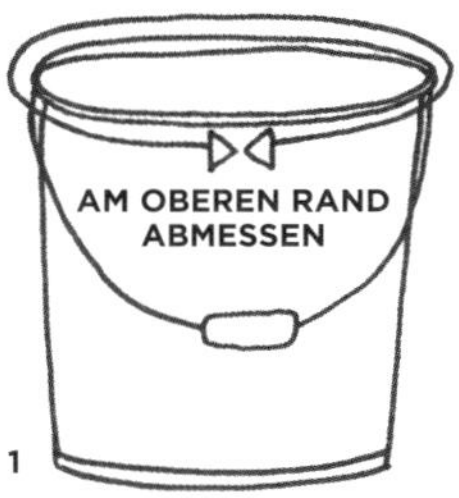

ABB. 1

ABB. 2

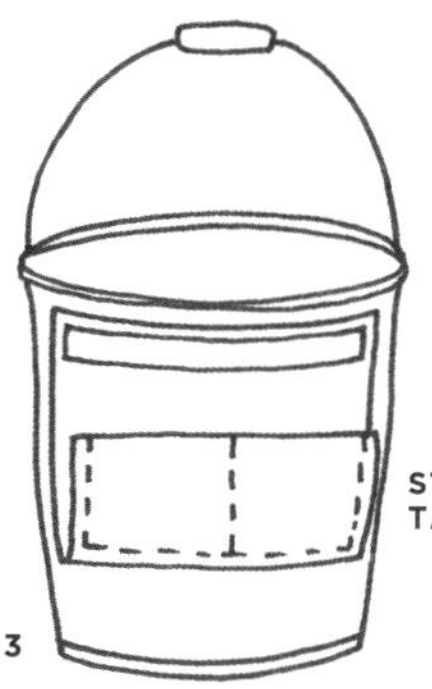

ABB. 3

WALDESFRISCHER FUSSBODENREINIGER

Wer giftige Reinigungschemikalien aus dem Haus verbannt, schont Gesundheit und Geldbeutel gleichermaßen. Dieser nach Nadelwald duftende Reiniger lässt Ihren Fußboden glänzen und das ganze Haus nach einem Waldspaziergang duften. Geben Sie kleine Mengen in den Putzeimer oder verwenden Sie den Reiniger unverdünnt zusammen mit Ihrer Muskelkraft gegen hartnäckigeren Schmutz. Um den Fußboden zu wischen, geben Sie eine halbe Tasse davon in einen Eimer heißes Wasser. Der Reiniger eignet sich für die meisten teppichfreien Fußbodenbeläge, aber wenn Sie sich unsicher sind, wenden Sie ihn erst einmal probeweise an einer verborgenen Stelle an.

SIE BRAUCHEN

250 g Waschsoda
250 ml weißer Essig
100 ml flüssige Olivenölseife („kastilische Seife")
20–30 Tropfen ätherisches Pinienöl

---

1. Das Waschsoda in eine große Schüssel geben und beiseitestellen.
2. Essig und Olivenölseife miteinander verrühren, bis alles gut vermischt ist.
3. Diese Flüssigkeit in das Waschsoda geben und verrühren, bis das Soda aufgelöst ist. Eventuell benötigen Sie dafür einen Spritzer kochenden Wassers.
4. In eine große Plastikflasche füllen, das ätherische Öl zugeben und gründlich schütteln.

ALLZWECK-ORANGENREINIGER

Wenn unsere Großmütter ihre Einkäufe erledigten, konnten sie nicht aus einer endlosen Reihe von Allzweckreinigern wählen. Oft fanden sie eigene Lösungen aus den schon im Haus vorhandenen Sachen. Man braucht nur ein paar wenige Dinge aus dem Küchenschrank, um ein ganzes Arsenal an Reinigungsprodukten selbst zu machen, und zwar ohne scharfe und schaurig riechende Chemikalien. Hier finden Sie eine Auswahl an Rezepten für Produkte, mit denen Sie das ganze Haus von oben bis unten zum Glänzen bringen.

SIE BRAUCHEN

genug Orangenschale, um ein ganzes Glas zu füllen

1 Flasche weißer Essig zum Bedecken der Orangenschale

---

1. Ein Glas mit Orangenschalen füllen und diese mit dem weißen Essig bedecken. Den Deckel schließen und das Glas in einen mit Wasser gefüllten Topf stellen. Das Wasser auf dem Herd erhitzen, bis etwa 65 °C erreicht sind. Die Temperatur etwa 20 Minuten halten, dann das Glas aus dem Topf nehmen und abkühlen lassen.

2. Das Glas einige Tage stehen lassen, dann den Essig durch ein Sieb in eine Flasche abgießen. Kann für sich alleine oder in anderen Rezepten verwendet werden, in denen Essig benötigt wird.

REINIGEN OHNE CHEMIKALIEN

Wenn Sie von dem Allzweck-Orangenreiniger überzeugt sind, warum dann nicht das Regal mit weiteren selbst gemachten Reinigern nach den folgenden Rezepten bestücken? Um für Sauberkeit zu sorgen, brauchen Sie keine fragwürdigen Zutaten, sondern nur ein paar ganz gewöhnliche Dinge aus Ihrer Küche.

ANTIBAKTERIELLES SPRAY

100 ml Wasser
200 ml Orangenessig
20 Tropfen Lavendelöl

Alle Zutaten in einer Sprühflasche mischen. Auf die zu reinigenden Oberflächen sprühen und bei Bedarf abwischen.

ALLZWECKREINIGER

30 ml weißer Essig
5 g Waschsoda
10 ml flüssige Olivenölseife („kastilische Seife")
300 ml heißes Wasser

Alle Zutaten in einer Sprühflasche mischen und bei Verschmutzungen aller Art anwenden.

MÖBELPOLITUR

10 ml selbst gemachtes ätherisches Öl (siehe Seite 126) – Zitronenöl eignet sich gut
250 ml Wasser
100 ml weißer Essig

Alle Zutaten in einer großen Flasche mischen. Auf das Möbelstück geben und mit einem trockenen Tuch verreiben.

TOILETTENREINIGER

½ Tasse Natron
1 Tasse weißer Essig

Das Natron in der Toilettenschüssel verteilen und mindestens 1 Stunde, besser über Nacht einwirken lassen. Dann den Essig daraufgeben und warten, bis es aufhört zu zischen, anschließend die Spülung betätigen. Stärkere Verschmutzungen vor dem Spülen kurz mit der Toilettenbürste schrubben.

REINIGER FÜR KÜCHENGERÄTE

50 ml Spülmittel
1 gehäufter EL Maisstärke
200 ml warmes Wasser
200 ml weißer Essig

Essig, Wasser und Spülmittel vermischen und einen kleinen Teil der Flüssigkeit mit der Maisstärke zu einer cremigen Paste verrühren. Dann langsam die restliche Flüssigkeit einrühren. In eine Sprühflasche füllen und vor jeder Verwendung schütteln. Auf Kühlschrank, Herd und andere Küchengeräte sprühen und mit einem feuchten Tuch sauber wischen. Reiniger, der älter als 1 Monat ist, wegwerfen.

GLAS REINIGEN

Was für ein Schreck, wenn der strahlende Sonnenschein überall im Haus auf einmal schmieriges, streifiges Glas zum Vorschein bringt. Fenster, Spiegel und das wertvolle Glasgeschirr sind Horte für Staub und Schlieren an den unzugänglichsten Ecken. Mit den unten genannten Tricks bekommen Sie alles blitzsauber und glänzend.

GEGEN SCHMIERIGE FENSTER UND SPIEGEL halbieren Sie eine Zitrone und reiben Sie die Schnittfläche über die zu reinigende Fläche. Nun mit einer 1:1-Lösung aus Wasser und Essig besprühen und mit einem Tuch trocken reiben. Dann mit einem Stück zerknüllter Zeitung polieren (die Druckerschwärze bringt das Glas zum Glänzen).

FÜR GLÄNZENDE VASEN UND KARAFFEN füllen Sie diese mit ein paar zerdrückten Eierschalen und etwas Essig oder Zitronensaft. Lassen Sie diese Flüssigkeit einige Tage stehen, während dieser Zeit den Mix ab und zu hin- und herschwenken. Dann die Flüssigkeit abgießen und die Behälter mit warmem Seifenwasser auswaschen, spülen und trocknen.

GLASVASEN MIT ALGENBESATZ können mit einer Mixtur aus schwarzen Teeblättern und Zitronensaft gesäubert werden. Zitronensaft und Teeblätter in die Vase füllen und mit einer Flaschenbürste schrubben, bis der Belag verschwunden ist. Die Mixtur ausschütten und gut mit heißem Wasser und Seife ausspülen.

DIE VORDERSEITE VON GLASBILDER-RAHMEN mit einer halben Zwiebel oder Kartoffel abreiben, dann mit einem trockenen Tuch nachpolieren.

KALKABLAGERUNGEN AUF GLAS lassen sich durch das Abreiben mit einer Mixtur aus Salz und Essig entfernen.

HAUSARBEIT IST ETWAS, WAS SIE TUN UND DAS NIEMAND BEMERKT, BIS SIE ES NICHT TUN.

DAS WUNDER DER ZITRONE

Die saure gelbe Frucht kennt man als echtes Kraftpaket für alle möglichen Gerichte und Drinks, aber wenn Sie sich die unten stehende Auflistung ansehen, dann wird schnell klar, dass man immer eine große Schale Zitronen für alle möglichen anderen Zwecke im Haus haben sollte. Es wird Sie überraschen, dass Sie diese Frucht mindestens einmal täglich anwenden werden, weil sie das Mittel schlechthin für so viele Aufgaben in Ihrem naturbewussten Haushalt ist.

HÄNGEN SIE MIT ZITRONENSCHALE GEFÜLLTE STOFFBEUTELCHEN in Eingänge und um die Fensterrahmen herum, das hält Käfer und anderes Krabbelgetier fern.

EIN PAAR ZITRONENSCHALENSTÜCKCHEN in einer Schüssel mit Wasser für 3 Minuten in der Mikrowelle erhitzt löst angebackene Essensreste, die dann einfach weggewischt werden können.

VERMISCHEN SIE EINEN LÖFFEL ZITRONENSAFT mit etwas Olivenöl, geben Sie diesen Mix auf ein weiches Tuch und reiben Sie damit Ihre Lederschuhe ab. Eine pflegende Schuhpolitur, die auch noch sehr gut riecht.

VERBLÜFFEN SIE KINDER mit Ihren Fähigkeiten als Geheimagent: Schreiben Sie etwas mit Zitronensaft und lassen Sie es durch das Erhitzen mit einem Föhn zum Vorschein kommen.

HELLEN SIE IHRE FINGERNÄGEL AUF, indem Sie Ihre Fingerspitzen 5–10 Minuten in Zitronensaft einweichen. Dann mit warmem Wasser abspülen, abtrocknen und kurz polieren.

VERMISCHEN SIE ZITRONENSAFT MIT SALZ, geben Sie dies auf ein weiches Tuch und reiben Sie damit über matte Stellen auf Kupfergeschirr. So wird alles wieder sauber und glänzend.

ENTFERNEN SIE KALKABLAGERUNGEN von Spülbecken und Armaturen, indem Sie sie mit Zitronensaft einreiben und 5–10 Minuten (nach Bedarf auch länger) einwirken lassen. Dann mit warmem Wasser abwaschen.

VERMEIDEN SIE AM TOPFBODEN KLEBENDEN REIS, indem Sie zum Kochen den Saft einer halben Zitrone in den Topf geben.

FÜR DEN SCHNELLEN ENERGIEKICK AM NACHMITTAG geben Sie etwas Zitronenöl in Ihre Duftlampe.

BEREITEN SIE EIN GLAS LIMONADE ZU, indem Sie Zitronensaft und 1 gehäuften TL Zucker in ein Glas geben, dann einen Spritzer heißes Wasser zufügen, um den Zucker aufzulösen, und das Ganze mit Sprudelwasser auffüllen. Geben Sie noch Eis und ein Stück Zitronenschale hinein und lehnen Sie sich mit einem guten Buch entspannt zurück.

Wäsche machen

HEUTE IST DER „WASCHTAG“ ZUM GLÜCK NICHT MEHR DIE GROSS-AKTION FRÜHERER ZEITEN. Durch all die modernen Erfindungen ist das Waschen zu einer der leichteren Haushaltstätigkeiten geworden, aber das hat auch seinen Preis, denn die Mengen an Wasser und Waschmittel, die dafür benötigt werden, tragen ihr Scherflein zur Umweltverschmutzung bei. Nutzen Sie die gesparte Zeit, um manches wieder auf althergebrachte Weise zu machen: Weichen Sie helle Wäsche über Nacht ein, versuchen Sie es mit einfachem Fleckensalz, bevor Sie zu aggressiven Mitteln greifen oder machen Sie aus einem ausrangierten Lampenschirm einen hübschen Wäschekorb.

HAUSHALTS-FLECKENSALZ

Dieses Pulver, das aus nur zwei einfachen Küchenzutaten besteht, sollten Sie immer zur Hand haben, denn es befreit Ihre Textilien von einem Großteil der Verschmutzungen. Bewahren Sie das Salz in Pulverform auf und mischen Sie es erst zu einer Paste, wenn Sie Flecken entfernen oder schmuddelige Fugen aufhellen wollen. Um Kalkablagerungen an Armaturen, hartnäckige Anhaftungen an Geschirr zu lösen oder unschöne Verfärbungen zu behandeln, vermischen Sie das Fleckensalz mit Zitronensaft.

SIE BRAUCHEN

1 Tasse Kochsalz
1 Tasse Natron

Beide Zutaten in ein Glas geben, mit dem Deckel verschließen und gründlich schütteln, damit Salz und Natron gut vermischt werden.

Da das Verhältnis 1:1 ist, spielen die Mengen keine Rolle. Stellen Sie also so viel her, wie Sie möchten bzw. benötigen.

VERWENDUNG

Für Textilien verrühren Sie eine kleine Menge mit etwas warmem Wasser, bedecken den Fleck damit und lassen die Paste über Nacht einwirken. Dann wie gewohnt waschen. Um auf Nummer sicher zu gehen, probieren Sie die Paste bei empfindlichen Textilien erst einmal an einer verdeckten Stelle aus. Für andere Anwendungen im Haushalt mischen Sie das Pulver mit Wasser oder einer Mischung aus Essig und Zitronensaft.

FLECKEN

Die beste Fleckenbehandlung heißt Schnelligkeit. Ein weicher Lappen ist da die allererste Verteidigungsmaßnahme. Wenn der Fleck partout nicht verschwinden will, bringen Sie einen Flicken oder eine dekorative Stickerei darauf an. Hier finden Sie ein paar bewährte Methoden zur Fleckenbeseitigung, aber probieren Sie das Mittel immer erst an einer verdeckten Stelle des Stoffes aus, bevor Sie sich in die ausgiebige Fleckenschlacht stürzen.

BASIS-FLECKENSET

- Nudelholz
- weicher Lappen
- Wattepads und -stäbchen
- Lolli- oder Eisstiele aus Holz – zum Kratzen
- Nagelbürste
- Wurzelbürste
- weißer Essig
- Zitronensaft
- Glyzerin
- Salz
- Maisstärke
- Brennspiritus

FETT- UND ÖLFLECKEN

Den Fleck mit Maisstärke bestreuen und etwa 30 Minuten einwirken lassen, damit die Stärke das Fett aufnehmen kann. Die Stärke abbürsten, dann in der Maschine bei höchstmöglicher Temperatur waschen. (Oder direkt etwas Waschmittel auftragen und wie üblich waschen.)

FRUCHTSAFT- UND COLAFLECKEN

Den fleckigen Stoff mindestens 1 Stunde in Milch einweichen, dann wie üblich waschen.

KUGELSCHREIBERFLECKEN

Mit einem mit Zitronensaft getränkten Wattestäbchen betupfen, dann wie üblich waschen.

SCHLAMMFLECKEN

Den Schlamm trocknen lassen, dann vom Stoff abbürsten. Anschließend den Fleck in abgekühltem Kartoffelkochwasser herausreiben. Wie üblich waschen.

SCHWEISSFLECKEN

Den Stoff mindestens 30 Minuten in einer 1:1-Mischung aus Essig und Wasser einweichen, besser über Nacht. Wie üblich waschen.

NAGELLACKFLECKEN

Einen Wattebausch mit ölfreiem Nagellackentferner tränken und auf den Fleck tupfen. Wie üblich waschen.

KAFFEEFLECKEN

Mit Glyzerin einreiben und mit warmem Wasser auswaschen.

BLUTFLECKEN

Den Stoff in kaltem Salzwasser einweichen, dann mit einem biologischen Waschpulver waschen.

GRASFLECKEN

Kein Wasser verwenden, denn das fixiert den Fleck. Mit einem mit Spiritus getränkten Wattebausch abtupfen, dann in warmem Seifenwasser auswaschen.

TOP-TIPPS: SO BLEIBT WEISSE WÄSCHE WEISS

In früheren Zeiten reisten Hausierer von Ort zu Ort, die auf die Kunst der Fleckentfernung spezialisiert waren. Ihre Produkte hatten einen sehr viel natürlicheren Ansatz als unsere heutigen. Und wie es häufig so ist, sind auch hier die alten Methoden die effizientesten. Mit ein paar wenigen Zutaten wie Essig, Zitronensaft und Sonnenschein wird Ihre weiße Wäsche in kürzester Zeit wieder strahlen.

TRENNEN SIE STETS weiße Textilien von bunten.

BEHANDELN SIE FLECKEN mit etwas Waschpulver oder einem Fleckenbehandlungsmittel (siehe Seite 27) vor.

WASCHEN SIE LEINEN UND BAUMWOLLE bei jedem dritten Waschgang bei der höchsten Temperatur, die empfohlen wird (egal, was Ihr Wunderwaschmittel verspricht).

GEBEN SIE ETWAS ZITRONENSAFT, Essig oder ein kleines Nesselsäckchen mit Eierschalen mit in die Wäsche.

VERSTÄRKEN SIE DIE WASCHKRAFT mit ein paar Esslöffeln Waschsoda oder Borax.

VERGEWISSERN SIE SICH, DASS DIE WÄSCHE GUT AUSGESPÜLT WIRD und wählen Sie gegebenenfalls ein extra Spülprogramm, wenn Ihre Waschmaschine eines besitzt.

WOLLIGE TROCKNERBÄLLE

Obwohl das Wäschetrocknen draußen an einem sonnigen Tag bei einer leichten Brise die allerbeste Methode ist, haben viele Menschen diese Möglichkeit nicht und sind auf einen Wäschetrockner angewiesen. Warum nicht ein paar von diesen Wunder-Wollbällen verwenden, um die Zeit im Wäschetrockner zu verkürzen? Sie machen die Wäsche weicher, sodass Sie auf Weichspüler verzichten können und reduzieren die statische Aufladung und Falten. All das spart Zeit und Geld und ist auch noch gut für die Umwelt.

SIE BRAUCHEN

Wollknäuel aus 100% Wolle
(ein 100-g-Knäuel ergibt 5 Bälle)
1 Paar alte Strumpfhosen
Nähnadel mit großem Nadelöhr

---

1. Die Wolle so lange um zwei Finger wickeln, bis sich ein festes Knäuel geformt hat. Dieses Wollknäuel von den Fingern streifen und fortfahren, das Garn fest darum herumzuwickeln. Das Knäuel dabei im Uhrzeigersinn drehen, sodass sich allmählich eine Kugel formt.

2. Wenn die Kugel einen Durchmesser von etwa 6 cm erreicht hat, den Faden abschneiden, mit der Nadel durch die Mitte des Knäuels stechen und das Ende vernähen, sodass sich die Kugel nicht aufdröseln kann. Mit den anderen Kugeln ebenso verfahren.

3. Ein Strumpfhosenbein abschneiden und die Kugeln nacheinander hineinlegen. Dabei jede mit einem Knoten fixieren.

4. In einen Topf mit kochendem Wasser ein wenig Waschpulver geben und 20 Minuten kochen, damit die Bälle durch und durch mit Wasser getränkt sind.

5. Dann die Kugeln in die Waschmaschine geben und bei höchstmöglicher Temperatur waschen, am besten mit ein paar Handtüchern, dadurch verfilzen die Kugeln besser.

6. Nach dem Waschen die Kugeln aus dem Strumpfhosenbein befreien und in den Wäschetrockner geben, um sie weiter zu verfilzen.

7. Lassen Sie sie im Trockner und, wenn Sie ein Fan von gutem Duft sind, geben Sie noch ein oder zwei Tropfen ätherisches Öl auf jeden Ball. Nun sind sie einsatzbereit.

WÄSCHEKORB AUS DRAHT

In welchem Familienhaushalt gibt es nicht in irgendeiner Ecke mehr oder weniger große Wäscheberge? Wäschekörbe aus Plastik sind dann zwar praktisch, aber nicht schön anzusehen. Und wie oft landen ungeliebte altmodische Lampenschirme auf dem Flohmarkt oder gleich auf dem Müll, weil ihr lachsrosa Satinbezug zerschlissen ist? Nachdem sich eine ganze Reihe dieser Lampenschirme angesammelt hatte, war die Zeit gekommen, einen anderen Verwendungszweck für sie zu finden.

SIE BRAUCHEN

1 großer Lampenschirm
1 Stück Kaninchendraht, das lang genug zum Herumwickeln und Abdecken des Bodens ist
robuste Handschuhe
Stoff, Garn oder passende Schnur zum Umwickeln der Drahtränder und des Seils
Drahtschneider
1 m Seil für die Henkel
Allzweckkleber
Zange

---

1. Den Lampenschirm vorbereiten, indem der Stoff, Klebstoffreste und die gesamte Halterung für die Glühbirne vollständig entfernt werden. Mit ein paar Handgriffen ist das schnell erledigt.

2. Eine grobe Papierschablone des Korbbodens (also des ehemaligen Oberteils des Lampenschirms) anfertigen und auf den Kaninchendraht legen.

3. Die robusten Handschuhe anziehen und den Umriss der Schablone mithilfe von Drahtschneidern aus dem Kaninchendraht schneiden. Dabei 1,5 cm Rand zurechnen, um den Draht an dem Korbboden befestigen zu können.

4. Den Drahtboden auf den Lampenschirm legen und die Ränder fest um den Lampenschirmboden wickeln. Den Draht dabei stets straff halten.

5. Herausstehende Drahtenden so fest wie möglich andrücken.

6. Nun den Rest des Schirms umwickeln. Dafür den Draht auf einer Seite des Schirms befestigen. Den Rand des Drahtes locker um den Rahmen biegen, damit er fixiert ist. Den Draht einmal um den ganzen Schirm bis zum Ausgangspunkt wickeln, aber noch nicht versuchen, das lose Ende am Schirm zu befestigen, das gäbe ein Kuddelmuddel.

GENIESSEN SIE DIE EINFACHEN DINGE,
SIE BRINGEN IHNEN FRIEDEN.

7. Den überflüssigen Draht abknipsen und den herumgewickelten Draht in Form drücken, bis er sich sehr gut an den Lampenschirm anpasst, dabei den Draht so straff wie möglich halten. Es wird etwas Draht übrig bleiben, der im nächsten Schritt entfernt wird.
8. Wenn Sie mit der Form zufrieden sind, den Draht soweit abschneiden, dass noch ein kleiner Rand zum Befestigen oben, unten und an den Seiten bleibt. Während des Befestigens die überstehenden Drahtteile abknipsen.
9. Die Ränder des Lampenschirms mit Stoff umwickeln, sodass keine hervorstehenden Drahtteile die Wäschestücke beschädigen können.
10. Für die Henkel das Seil in zwei gleich lange Stücke schneiden (jeweils 50 cm).
11. Ein Seilstück unter dem oberen Drahtrand hindurch und wieder zurückführen, bis sich das Ende in der Mitte der Schnur befindet (etwa 25 cm). Seilende an der Schnur ankleben. Dasselbe mit dem anderen Ende des Seils wiederholen. Dies wird der Henkel. Nun das Seil mit der Schnur umwickeln, am Ende einen Knoten machen und mit Kleber fixieren.
12. Dasselbe für den zweiten Henkel wiederholen.

PRAKTISCHER TIPP

Kleine Lampenschirme können auf dieselbe Weise zu praktischen Körben für allerlei Krimskrams umfunktioniert werden – von Wollknäuel über Stoffreste, Bücher oder Kinderspielzeug. Ein paar verschieden große Körbe sehen zusammengestellt ganz reizend aus.

TEXTILFRISCHESPRAY

Es gibt eine Menge Sprays auf dem Markt, die versprechen, unerwünschte Gerüche aus Textilien zu verbannen. Das tun sie auch – allerdings nicht, ohne einen unnatürlichen Geruch zu hinterlassen, der Nies- und Keuchanfälle verursacht. All das mit dem Ziel, Muffiges wieder frisch zu machen! Die beste Maßnahme gegen schlechte Gerüche in nicht waschbaren Textilien ist es, sie im Freien zu lüften. Wenn das nicht möglich ist, dann mischen Sie sich eine Flasche dieses Produkts.

SIE BRAUCHEN

2 TL Natron
30 ml kochendes Wasser
50 ml duftfreier Weichspüler
60 ml weißer Essig
wenige Tropfen ätherisches Öl
10 ml Wodka

---

1. Heißes Wasser in ein großes Glas oder einen Behälter geben und das Natron darin auflösen. Den Weichspüler einrühren.
2. Essig langsam in kleinen Mengen zugeben, da Essig und Natron miteinander reagieren.
3. Wenn sich das Zischen und Blubbern beruhigt hat, das ätherische Öl in den Wodka geben, dann diese Lösung zu den anderen Zutaten geben. In eine Sprühflasche füllen.
4. Schütteln und nach Bedarf versprühen. (Auf empfindlichen Textilien oder brandneuen Sofas vorsichtshalber einen Test an einer verdeckten Stelle machen.)

Küche

DIE KÜCHE IST HERZ UND SEELE VIELER HÄUSER. Dort bereitet man Essen für die hungrigen Mäuler zu, erledigt einen Teil der Wochenplanung und trinkt in einer kurzen Pause eine belebende Tasse Tee. Die meisten treffen sich in der Küche, um zu essen und sich über den Tag auszutauschen. Verleihen Sie diesem zentralen Raum mit nur wenigen Handgriffen eine noch persönlichere Note, das macht den Aufenthalt dort umso schöner. Sorgsam behandelte Gläser und Flaschen halten nicht nur ein Leben lang, sondern können auch überaus dekorativ sein. Fangen Sie auch damit an, Plastik aus dem Haus zu verbannen, indem Sie Bienenwachs-Verpackungen zum Einwickeln von Lebensmitteln verwenden. Und stellen Sie ein paar Nesselbeutelchen her, in denen Sie Kräuter und Gewürze an einem hübschen Weidengestell hängend trocknen.

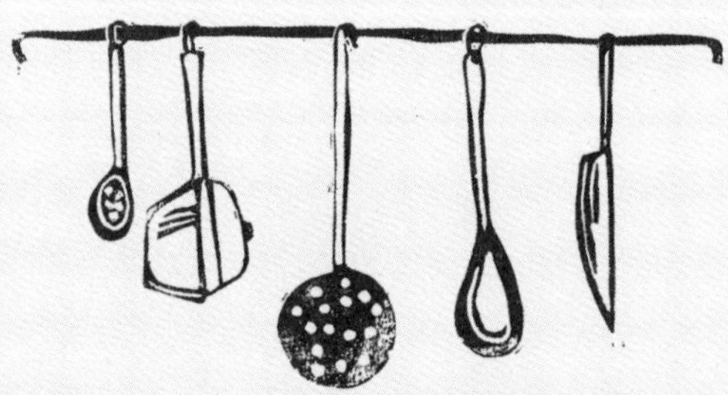

EINKAUFSTASCHE

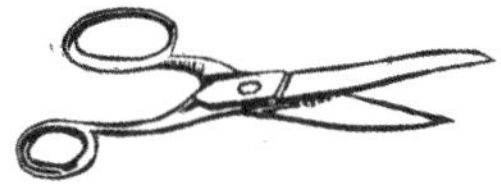

In jeder Taschensammlung ist noch Platz für eine weitere, egal, wie viele Exemplare sie schon enthält. Dies ist eine tolle Tasche, um von einem kleinen Einkaufsbummel allerhand Kleinigkeiten mitzubringen; eine dieser vielseitigen Taschen, die längst nicht nur fürs Einkaufen geeignet sind. Die Größe ist ideal, um eine Strick- oder Häkelarbeit zu verstauen, und kann überallhin mitgenommen werden.

SIE BRAUCHEN

2 Rechtecke, 42 cm x 34 cm (Oberstoff)
2 Rechtecke, 42 cm x 34 cm (Futterstoff)
kleines Stoffstück für die aufgesetzte Tasche,
17 cm x 17 cm (beide unteren Ecken abrunden)
Juteband, 5 cm x 84 cm
Schrägstreifen, 50 cm lang
Nähgarn
Spitze oder andere
Verzierung nach Wunsch

(überall 1 cm Nahtzugabe einplanen)

1. Die Oberkante der aufgesetzten Tasche säumen und bügeln. Eine Kante des Schrägstreifens aufklappen und rechts auf rechts an die Taschenkante legen. Entlang des Knicks in der aufgeklappten Schrägstreifenkante aufnähen, dabei die Mehrweite an den Ecken einhalten.

2. Den Schrägstreifen zur Hälfte falten, über die gerade gefertigte Naht zur linken Stoffseite klappen und bügeln. Die Tasche beiseitelegen.

3. Das Juteband zur Hälfte falten und in zwei gleich lange Stücke schneiden. Von jedem Ende aus 15 cm abmessen und mit Stecknadeln markieren. Nun der Länge nach falten und zwischen beiden Stecknadeln absteppen, anschließend bügeln.

4. Zwei Rechtecke zur Hälfte falten und die Mitte mit einer Stecknadel markieren. Von dieser Markierung aus beidseitig 5 cm sowie 8 cm nach unten abmessen. Für die Taschenhenkel je ein Stück Juteband rechts und links der mittigen Markierung feststecken. Zum Fixieren des Henkels den Jutebandansatz 5 cm im Quadrat feststeppen. Die Außentasche in der gewünschten Position auflegen, feststecken und knappkantig auf der Taschenvorderseite aufnähen. Auf der anderen Seite wiederholen, dabei die Außentasche auslassen (siehe Abb. 1).

5. Seiten- und Unterkanten kantenbündig legen und absteppen. Alle Nähte auseinanderbügeln. Auf rechts wenden und erneut bügeln.

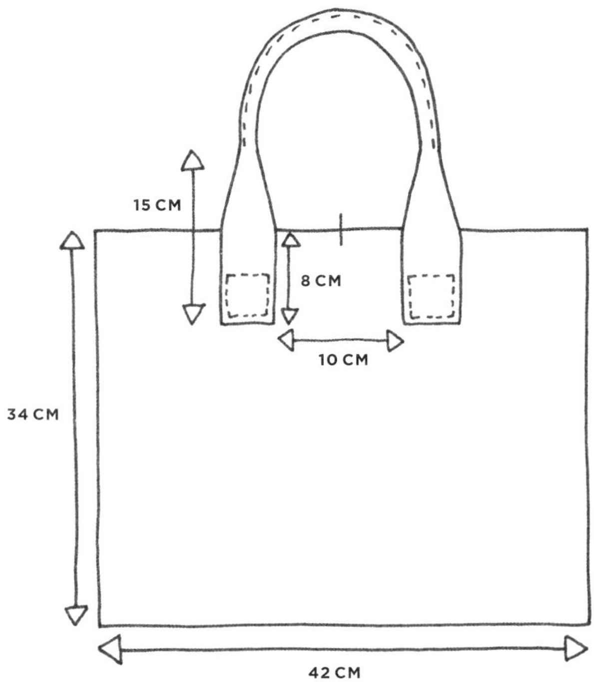

ABB. 1

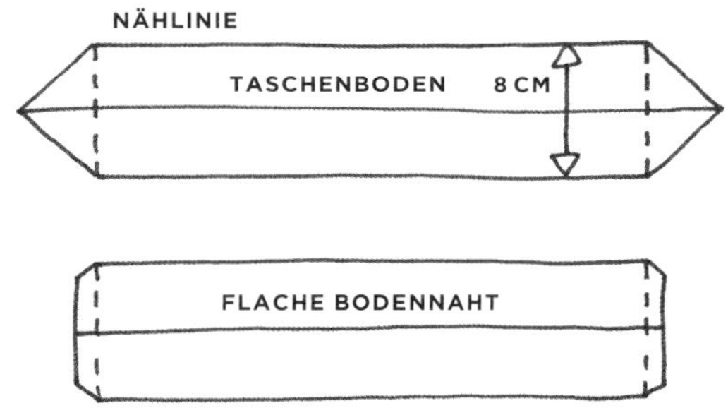

ABB. 2

---

6. Für den Boden die Seiten- und Bodennaht an den unteren Ecken flach aufeinanderlegen. Mit 4 cm Abstand zur Stoffkante quer 8 cm abmessen und eine Nählinie aufzeichnen. Entlang der Nählinie absteppen, anschließend zurückschneiden (Abb. 2).

7. Die letzten beiden Arbeitsschritte für das Futter wiederholen, dabei jedoch an der Bodennaht eine kleine Öffnung zum Wenden der Tasche auf rechts offen lassen. Die Nähte auseinanderbügeln.

8. Das Futter rechts auf rechts über die Tasche aus dem Hauptstoff schieben, dabei darauf achten, dass die Henkel zum Taschenboden hin gefaltet sind und zwischen Hauptstoff und Futter liegen.

9. Das Futter entlang der Oberkante an den Taschenteil aus dem Hauptstoff stecken und nähen. Die Naht bügeln. Beide Taschenteile durch die Wendeöffnung an der Bodennaht auf rechts wenden und die offene Naht absteppen.

10. Das Futter in die Tasche schieben und die obere Naht flach bügeln. Verzieren Sie die Tasche, indem Sie die Henkel mit bunten Bändern umwickeln, Knöpfe, Schleifen oder auch viele künstliche Blumen aufnähen.

WIEDERVERWENDBARE BIENENWACHS-VERPACKUNG

Dieses wiederverwendbare Verpackungsmaterial trotzt dem Plastikmüll. Unsere Großmütter verwendeten noch Wachspapier oder ein Stückchen Stoff, allerdings lagen damals, als das tägliche Einkaufen die Regel war, die Lebensmittel auch nicht so lange herum. Dieses wasserfeste Stück Stoff eignet sich zum Einwickeln und Abdecken von Lebensmitteln – und es sieht auch noch hübsch aus! Ob gemustert oder ganz natürlich: Wichtig ist nur, dass Ihr Stoff aus hundertprozentiger Baumwolle besteht, dann können Sie nichts falsch machen.

SIE BRAUCHEN

leichter Baumwollstoff
1 Block Bienenwachs
Backblech
Backpapier
ausgemusterte Käsereibe

---

1. Zuerst den Stoff waschen und trocknen, dann in Stücke der benötigten Größe schneiden. Rechtecke und Quadrate eignen sich zum Einwickeln von Lebensmitteln, Kreise zum Abdecken von Schüsseln und Gläsern. Damit die Ränder nicht ausfransen, schneiden Sie sie mit einer Zickzackschere. Es geht aber auch ohne.

2. Den Backofen auf die geringstmögliche Hitze vorheizen und die Ofenklappe anlehnen. Bienenwachs schmilzt bei einer Temperatur zwischen 62 °C und 64 °C und verfärbt sich ab einer Temperatur von 85 °C, achten Sie daher darauf, dass der Ofen nicht zu heiß wird. Nehmen Sie ein Ofenthermometer zu Hilfe, wenn Sie eines besitzen.

3. Das Backblech mit dem Backpapier belegen, dann den Stoff darauflegen.

4. Bienenwachs mit der Reibe über den Stoff reiben, sodass er möglichst gleichmäßig damit bedeckt ist.

5. Das Blech in den Ofen schieben und etwa 5 Minuten darin lassen, aber behalten Sie es im Auge.

6. Wenn das Wachs geschmolzen ist, holen Sie das Blech aus dem Ofen und halten den Stoff gegen das Licht, um zu prüfen, ob er gleichmäßig mit Wachs bedeckt ist. Der Stoff sollte noch durchscheinend und das Gewebe noch zu erkennen sein. Auf eventuell unbedeckte Stellen noch etwas Wachs reiben und wieder in den Ofen schieben.

7. Wenn der Stoff komplett und gleichmäßig mit Wachs bedeckt ist, vorsichtig vom Backblech ziehen und auf einem sauberen Stück Backpapier abkühlen lassen. Danach ist er einsatzbereit.

VERWENDUNG

Zum Einwickeln reicht es, den Stoff mit der Wärme der Hände geschmeidig zu machen und dann um die Lebensmittel zu wickeln oder Schüsseln und Gläser damit zu bedecken. Die Steifheit des Stoffes bewirkt, dass alles verschlossen bleibt, man benötigt weder Clips, Gummis noch andere Verschlüsse. Zum Reinigen den Stoff einfach mit etwas Seife in warmem Wasser leicht abbürsten. Ausgediente Stoffstücke können Sie auf den Kompost geben oder zum Feueranzünden um Anmachholz wickeln.

GLAS- UND FLASCHENPFLEGE

Obwohl wir eine Wegwerfgesellschaft sind, besinnen sich immer mehr Menschen auf traditionelle Vorratshaltungsmethoden mit Glas und Keramik. Gut gepflegte Einmachgläser und -töpfe können ein ganzes Leben halten und sehen auf dem Küchenregal viel besser aus als Plastikbehälter. Außerdem haben sie noch den großen Vorteil, keine giftigen Chemikalien an den in ihnen gelagerten Inhalt abzugeben. Hier ein paar Tipps, wie Sie Glas tipptopp in Ordnung halten.

RÄUME DEINEN KRAM AUF, DENN ER WIRD SONST DEINEN VERSTAND VERDÜSTERN.

MUFFIGEN GERUCH WIRD MAN LOS, indem man in jedes Glasgefäß 1 TL Natron gibt und mit heißem Wasser auffüllt. Dann den Deckel zuschrauben, gründlich schütteln und kühl stellen, am besten über Nacht. Abgießen und sorgfältig prüfen. Wenn es noch immer etwas riecht, den Vorgang wiederholen.

WENN SIE SCHRAUBDECKELGLÄSER ZUM EINMACHEN VERWENDEN, nehmen Sie jedes Mal einen neuen Deckel. Dienen diese Gläser aber nur zum Aufbewahren trockener Zutaten, können Sie die Deckel weiternutzen.

ALTE ETIKETTEN UND KLEBSTOFFRESTE AUF GLÄSERN, die Sie wiederverwenden möchten, entfernen Sie folgendermaßen: Die Gläser mit kochendem Wasser füllen, den Deckel schließen und die Gläser 20 Minuten in kochendes Wasser stellen. Das Etikett und der Kleber lösen sich dann von selbst.

ZURÜCKBLEIBENDE HARTNÄCKIGE KLEBSTOFFRESTE reiben Sie mit etwas Olivenöl ein und lassen es etwa 30 Minuten einwirken. Dann den Klebstoffrest mit der Ecke eines Geschirrtuchs abreiben oder mit einem stumpfen Messer abkratzen, danach in heißem Seifenwasser spülen.

KRÄUTERTROCKNER AUS WEIDENRUTEN

Das Sammeln und Trocknen von Kräutern in Bündeln ist eine jahrhundertealte Tradition, die schon Generationen vor uns zur Konservierung genutzt haben. Dazu benötigt man nicht mehr als einen gut belüfteten Ort, der vor direkter Sonneneinstrahlung geschützt ist. An diesem einfachen Weidenhänger kann man sie alle zusammen trocknen. Er ist nicht nur ein Blickfang in Küche oder Vorratskammer, sondern trocknet die Kräuter im Nu, sodass sie schnell bevorratet werden können. Weiden wachsen häufig an Straßenrändern und auf Brachflächen. Wenn Sie keine finden, können Sie Weidenruten auch über das Internet bestellen.

SIE BRAUCHEN

2–3 Weidenruten
1 Rolle Garten- oder Floristendraht
Drahtschneider oder Gartenschere

---

1. Eine Weidenrute zu einem Ring biegen und die Enden umeinanderschlingen. Die übrigen Weidenruten auf gleiche Weise damit verbinden, sodass ein fest geschlossener Ring entsteht.

2. An vier einander gegenüberliegenden Ecken je ein Stück Draht um die Ruten wickeln.

3. Überstehende Drahtstücke, an denen man hängen bleiben könnte, abknipsen.

4. Für die Hängevorrichtung ein langes Stück Draht abschneiden und ein Ende um den Weidenring wickeln, genau zwischen zwei der bereits angebrachten Drahtbefestigungen. Das lange Drahtstück weist nach oben. Mit drei weiteren Drahtstücken wiederholen.

5. Die Drahtenden mehrmals miteinander verzwirbeln.

6. Dann zu einem Haken zum Aufhängen umbiegen. Ein kurzes Stück Draht herumwickeln, um den Haken zu fixieren.

7. Zum Anbringen der Kräuter einen Bund mit einem Gummiband oder einem Stück Schnur umwickeln und mit einem Fleischerhaken oder einem in S-Form zurechtgebogenen Stück Draht an die Weidenruten hängen.

8. Diese Hängevorrichtung an eine gut belüftete Stelle ohne direkte Sonneneinstrahlung hängen und die Kräuter daran so lange trocknen, bis sie auf Druck zerbröseln.

9. Die getrockneten Kräuterbündel abnehmen und die Kräuter luftdicht aufbewahren.

ERNTESCHÜRZE

Ein zweites Paar Hände kann man bei Arbeiten im Haushalt oder im Garten immer gebrauchen. Dieses funktionale Schürzendesign stammt aus den 1940er-Jahren, als sich die Hausfrau noch mit den wenigen zur Verfügung stehenden Mitteln behelfen musste. Aufgefaltet ist sie eine Alltagsschürze, doch mit einem Zug und einer Drehung wird sie zu einer Beuteltasche, in der man alles Mögliche transportieren kann. Wie der Name schon andeutet, ist sie besonders nützlich für die Ernte von Obst oder Gemüse, denn die Hände bleiben frei zum Aufsammeln. Aber auch im Haus gibt es viele Einsatzmöglichkeiten: Zum Einsammeln herumliegender Kleidungsstücke, von Spielzeug sowie alter Socken, die sich hinter der Tür oder dem Sofa auffinden oder eine Spur auf dem Badezimmerboden bilden.

SIE BRAUCHEN

Schnittmusterpapier oder Packpapier für die Schnittmustererstellung
1,5 m schwerer Baumwollstoff, Leinen oder Jeans
2,5 m Webband, 1 cm breit

(überall 1 cm Nahtzugabe einplanen)

1. Ein Rechteck in der Größe 45 cm x 85 cm auf das Schnittmusterpapier zeichnen. Wie bei Abbildung 1 gezeigt die Punkte A und B markieren.

2. Eine Linie von A nach B zeichnen, dann bis Punkt C verlängern, dabei die Linie an der Ecke abrunden, um die Schürzenform zu bilden (Abb. 2). Schnittmuster ausschneiden.

3. Den Stoff rechts auf rechts der Länge nach zur Hälfte falten, die Webkanten aufeinanderliegend. Das Schnittteil im Stoffbruch auflegen und die Konturen auf den Stoff übertragen. Den Stoff zuschneiden.

4. Ein Stück Stoff (12 cm x Stoffbreite) für das Bindeband zuschneiden. Im schrägen Fadenlauf zwei Streifen in der Größe 1,2 m x 5 cm zuschneiden. Soll die Schürze eine Vordertasche bekommen, ein 20 cm x 25 cm großes Rechteck zuschneiden. Alle Kanten säumen, dann an der gewünschten Stelle auf die Schürzenvorderseite nähen.

5. Den Schrägstreifen vorbereiten, dazu an einem Ende einen 1 cm breiten Saum einschlagen und vernähen.

6. Den Schrägstreifen mit der rechten Stoffseite an die linke Stoffseite des Schürzenteils stecken (Abb. 3), die unversäuberte Schrägstreifenkante am Taillenbund,

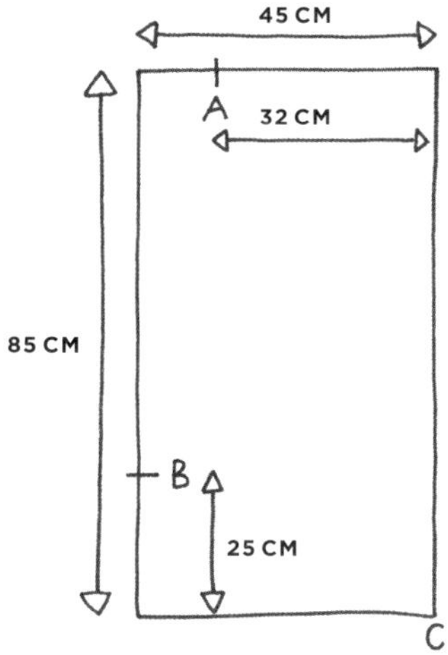

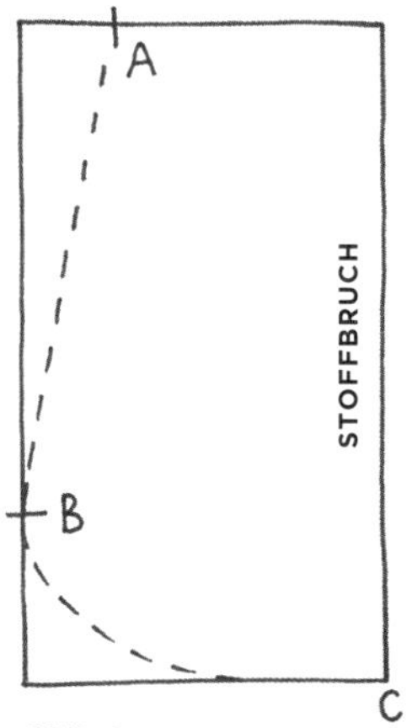

ABB. 2

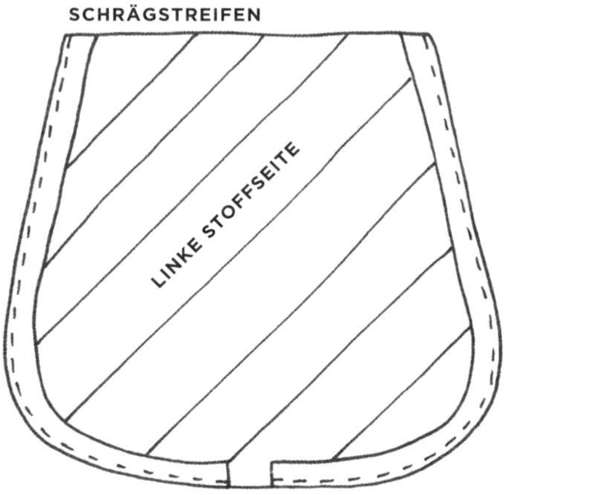

ABB. 3

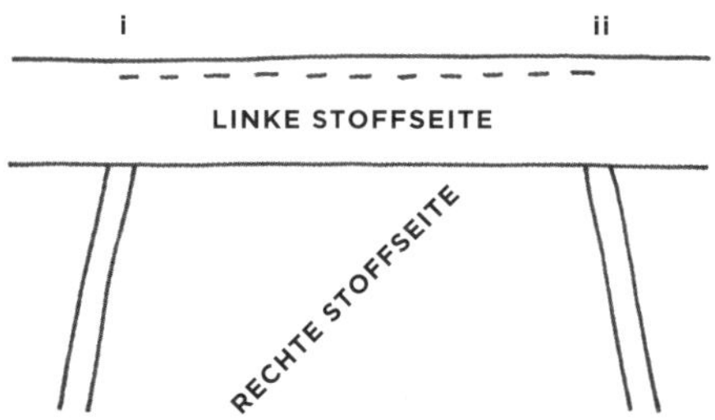

ABB. 4

ABB. 5

dann festnähen. Darauf achten, dass die versäuberten Schrägstreifenkanten an der unteren Kante mittig aufeinandertreffen, mit einer kleinen Öffnung zum Durchziehen des Bandes und Raffen der Tasche.

7. Die Naht bügeln und den vernähten Streifen zur Schürzenvorderseite umfalten, um einen Stofftunnel zu bilden. Feststecken und absteppen.

8. Ein Stück Webband durch jeden Stofftunnel ziehen und unten verknoten. Von der Taille aus 10 cm abmessen und das Band im Stofftunnel mit mehreren Nähten fixieren.

9. Das Bindeband rechts auf rechts auf der Schürzenvorderseite passgenau zur Mitte feststecken und knappkantig zwischen den Markierungen i und ii annähen (Abb. 4). Das Bindeband nach oben falten und die Naht flach nach unten bügeln, sodass sie an der Schürze anliegt (Abb. 5).

10. Das Bindeband rechts auf rechts zur Hälfte falten, entlang der kurzen Kante und der Bandunterkante bis an die Schürze herannähen (Abb. 5). Auf der anderen Seite wiederholen.

11. Überschüssigen Stoff an den Ecken zurückschneiden und das Band durch die Öffnung an der Schürze auf rechts wenden. Auf der gegenüberliegenden Seite wiederholen. Die Bänder bügeln, dabei darauf achten, dass die Nahtzugaben des an der Schürze angenähten Bandes eingeschlagen sind. Zum Versäubern die Öffnung und das übrige Band absteppen.

12. Schürze umbinden und auf geht's zur Ernte!

STOFFBEUTEL

Schicke Stoffbeutel für den Einkauf von Obst und Gemüse können Sie einfach selbst nähen. Wenn Sie die Beutel an einen Haken in Ihrer Küche hängen, bleibt ihr Inhalt länger frisch, Sie haben ihn schnell zur Hand, und nebenbei wirken die Beutel noch sehr dekorativ. Um trockene Zutaten zu lagern, für Geschirr- und Handtücher oder für allen möglichen Krimskrams, der untergebracht oder unsichtbar verstaut werden soll, nehmen Sie etwas dickeren Baumwoll- oder Leinenstoff.

SIE BRAUCHEN

Nesselstoff, 50 cm – für ca. 4 Taschen, abhängig von der Stoffbreite
Sprühstärke (optional)
farblich passendes Nähgarn
Band oder Schnur

(überall 1 cm Nahtzugabe einplanen)

1. Den Stoff zur Hälfte falten, die Webkanten treffen aufeinander. Den Stoff glatt bügeln. Nessel ist etwas schwieriger zu nähen, daher den Stoff mehrmals mit Sprühstärke einsprühen, danach jeweils trocken bügeln. Der Stoff wird dadurch etwas steifer und lässt sich leichter zuschneiden und nähen.

2. Für eine Tasche zwei 35 cm x 30 cm große Stoffstücke zuschneiden. Rechts auf rechts zusammenstecken. Beide Seiten- und die Unterkante nähen, an einer Seitennaht jedoch 3 cm unterhalb der Oberkante eine Öffnung lassen (Abb. 1).

3. An jeder Seite bis an die Naht einkerben, dann mit Zickzack- oder Überwendlichstich nähen, um ein Ausfransen des Stoffes zu verhindern.

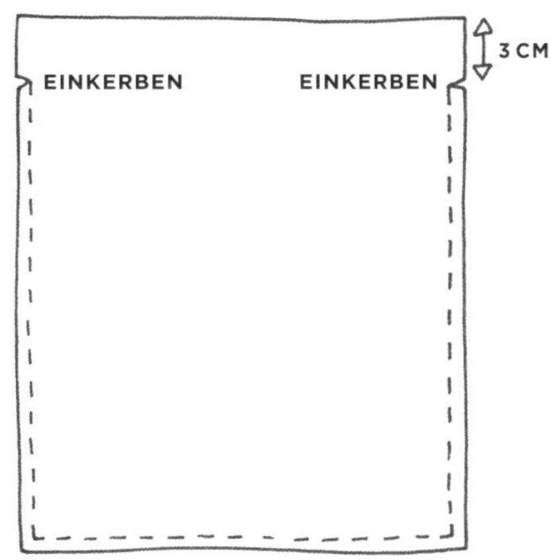

ABB. 1

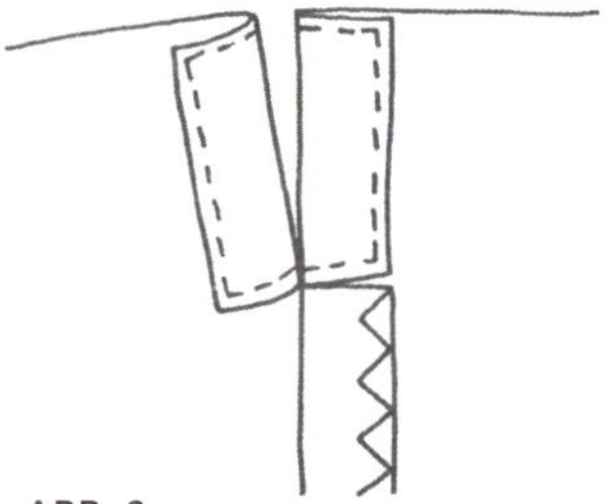

ABB. 2

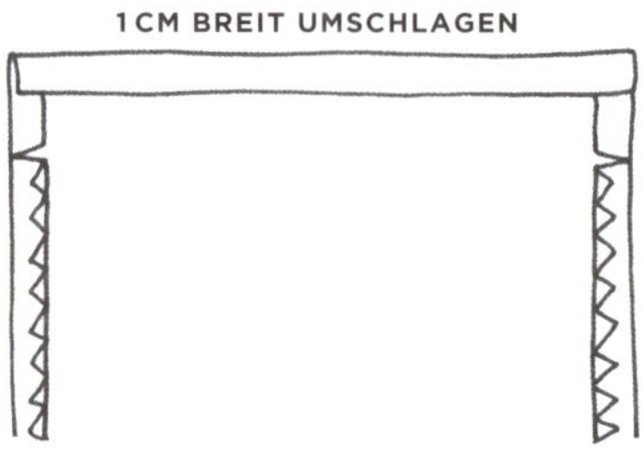

ABB. 3

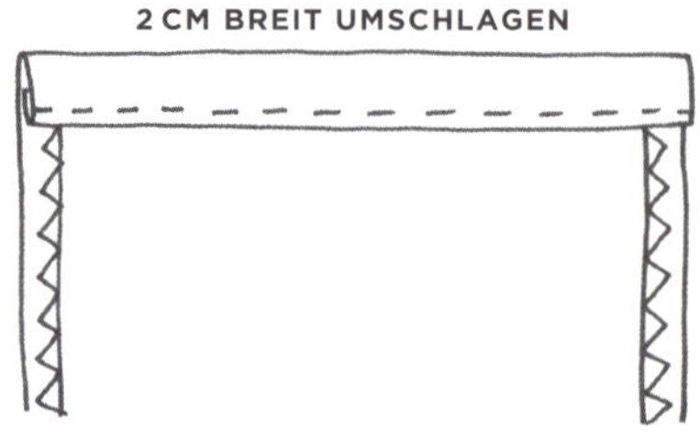

ABB. 4

4. Die Nähte auseinanderbügeln (Abb. 2), dann auf beiden Seiten der Tasche um die Öffnungen herumnähen.
5. Auf einer Seite die Oberkante 1 cm breit umschlagen und bügeln. Auf der anderen Seite wiederholen (Abb. 3).
6. Nun für den Stofftunnel zum Durchziehen der Schnüre jede Seite 2 cm breit bündig zur Seitennaht umschlagen (Abb. 4).
7. Auf jeder Seite die Tunnelunterkante absteppen.
8. Eine Schnur durch jeden Tunnel ziehen und an beiden Enden verknoten, dabei 2–3 cm stehen lassen.
9. Gemüse in die Tasche packen, mithilfe der Schnüre zuziehen und an einen dekorativen Haken hängen.

Rund ums Haus

NICHTS MACHT EIN ZUHAUSE SO HEIMELIG UND LÄSST DEN STRESS DES TAGES VERGESSEN WIE EIN PAAR SELBST GEMACHTE DINGE. Gestalten Sie Ihre Räume ganz individuell, indem Sie sich selbst im Mischen von Farben versuchen, kuscheln Sie sich in eine handgenähte Patchwork-Decke oder verwandeln Sie eine schöne, aber leider kratzige Wolldecke in einen brauchbaren Schoßwärmer. Beduften Sie Ihr Haus mit natürlichen Düften, die Körper und Geist zur Ruhe kommen lassen, und haben Sie ein paar funktionale Feueranzünder zur Hand, wenn die Nächte kühler werden und ein prasselndes Kaminfeuer das Einzige ist, was Ihre kalten Zehen wärmen kann.

SELBST GEMACHTE DEKOFARBE

Es ist ein bestechender Gedanke, mit einfachen Zutaten aus dem Küchenbestand, die ungiftig und ungefährlich sind, eine Farbe anzurühren. Die Farbe ist nicht für alle Oberflächen geeignet, nicht besonders gut deckend und hält sich auch nur etwa einen Tag im Kühlschrank, deshalb rühren Sie im Zweifel nicht allzu große Mengen für alle möglichen Flächen an. Unbehandeltes Holz, Putz, Terrakotta und Lehm sind gute Untergründe, danach muss mit einem geeigneten Wachs versiegelt werden. Haben Sie viel Spaß beim Mischen von Farbtönen und -intensitäten! Und probieren Sie ruhig ein bisschen herum, bis Sie mit dem Ergebnis zufrieden sind. Notieren Sie sich, was Sie verwendet haben, damit Sie die Farbe bei Bedarf nachmischen können.

SIE BRAUCHEN

2 EL Künstler-Pigmentpulver
1 TL Natron
6 EL heißes Wasser
4 EL Quark
Bienenwachs-Politur, wenn die Oberfläche versiegelt werden soll

---

1. Einen Tag vorher das Pigment vorbereiten. Dieses dafür in eine kleine Schüssel geben und mit so viel Wasser mischen, dass eine Paste von der Konsistenz dünnflüssigen Joghurts entsteht. Über Nacht stehen lassen, dann ist das Pigment bereit zur Weiterverarbeitung.

2. Das Natron im heißen Wasser auflösen und abkühlen lassen.

3. Den Quark in ein großes Einmachglas füllen und die abgekühlte Sodamasse zugeben. Dann die Pigmentpaste einrühren, bis sie gut mit dem Quark verbunden ist.

4. 1 Stunde stehen lassen, dann noch einmal umrühren.

5. Lassen Sie jede Schicht des Anstrichs ein paar Stunden trocknen und streichen Sie so oft übereinander, bis Sie mit dem Ergebnis zufrieden sind. Ein paar Tage vollständig trocknen lassen, dann schmirgeln Sie die Oberfläche vorsichtig etwas an und versiegeln sie mit einem geeigneten Wachs, die Bienenwachs-Möbelpolitur von Seite 14 ist eine gute Wahl.

NOSTALGISCHE PATCHWORK-DAUNENDECKE

Wer verfällt nicht dem Charme dieser hübschen altmodischen Daunendecken, die man früher als wärmende Bettdecken über leichten Leintüchern verwendete? Solche Decken heute noch zu bekommen ist nicht einfach, und wenn, dann sind sie richtig teuer – besonders wenn man bedenkt, dass sie nicht einfach zu reinigen sind und dann doch eher nur zu Dekorationszwecken verwendet werden. Machen Sie so eine Decke doch aus Stoffresten selbst und schwelgen Sie in nostalgischen Kindheitserinnerungen …

SIE BRAUCHEN

100 Stoffstücke, 17 cm x 20 cm, für die Kammern
2 Rechtecke, 1,5 m x 22 cm
2 Rechtecke, 1,1 m x 22 cm
Polyesterwattierung, Vlies oder Federn

---

1. Zwei Stoffstücke rechts auf rechts legen und an drei Seiten mit 1 cm Nahtzugabe zusammennähen. Die vierte Seite bleibt offen (Abb. 1).

2. Die Ecken abschrägen, dann die Kammer auf rechts wenden und die Ecken sanft herausschieben.

3. Die offene Kante 1 cm breit zur linken Seite umschlagen und bügeln.

4. Mit der gewünschten Füllung befüllen, dabei darauf achten, dass die Kammer nicht übermäßig gefüllt wird.

5. Die Öffnung von Hand oder mit der Maschine vernähen. Die Arbeitsschritte wiederholen, bis 50 Kammern fertiggestellt sind. Nun die Nähte vorsichtig dämpfen.

6. Jedes der vier Rechtecke aus Stoff der Länge nach rechts auf rechts zur Hälfte falten. An den offenen Kanten 1 cm breit abstecken und nähen, um einen Stoffschlauch für die Randeinfassung zu bilden, dabei an der langen Kante ungefähr in der Mitte eine Öffnung zum Füllen offen lassen (Abb. 2).

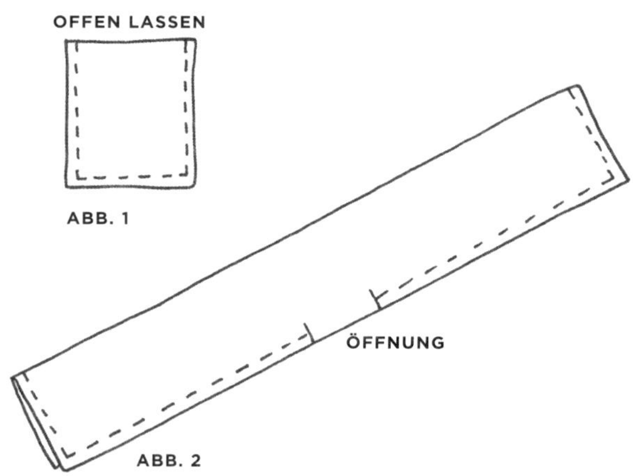

ABB. 1

ABB. 2

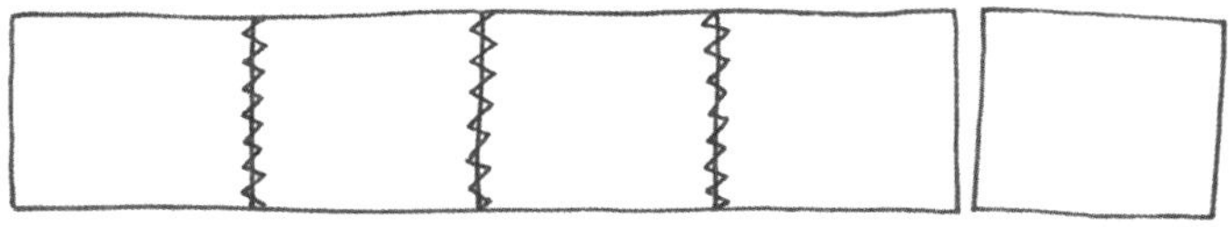

ABB. 3

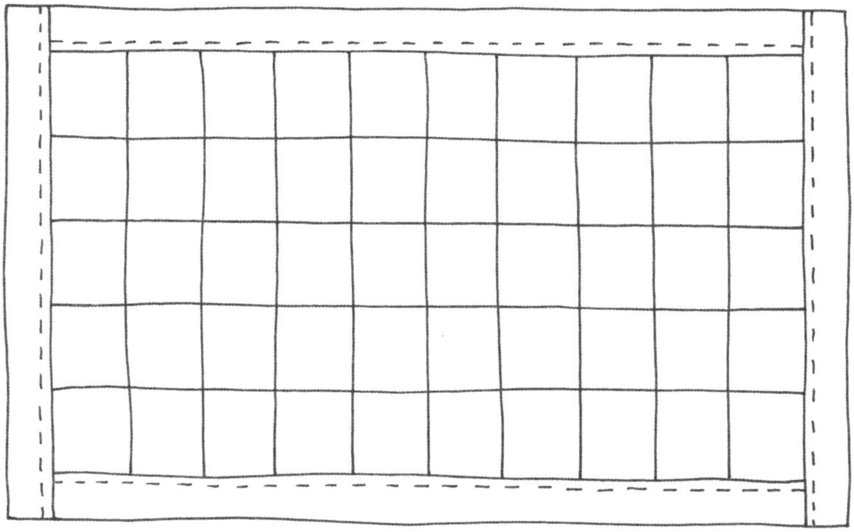

ABB. 4

ZUERST DIE LANGEN STOFFSCHLÄUCHE VON HAND ANNÄHEN

---

7. Die Ecken abschrägen, dann den Stoffschlauch auf rechts wenden. Die Ecken vorsichtig herausschieben. Den Stoffschlauch gleichmäßig mit der gewünschten Füllung befüllen, jedoch nicht zu viel Füllung verwenden. Die Öffnung von Hand vernähen. Mit den übrigen drei Stoffschläuchen wiederholen.

8. Zum Zusammenfügen der Decke mit dem Zusammennähen der Kammern zu horizontalen Reihen (Abb. 3) beginnen. Dafür von Hand oder mit der Maschine die Längskanten zusammennähen, bis eine Reihe aus 5 Kammern entstanden ist. Die Schritte wiederholen, bis 10 Reihen mit jeweils 5 Kammern fertiggestellt sind. Wenn Sie mit der Maschine nähen, verwenden Sie einen Zickzack- oder ähnlichen Stich. Jeweils zwei lange Kanten der aneinandergenähten Kammern aneinandernähen und darauf achten, dass die Kanten fest vernäht sind.

9. Auf diese Weise die Reihen mit je 5 Kammern zusammennähen, bis 10 Reihen miteinander vernäht sind.

10. Die zwei längeren gefüllten Stoffschläuche an den langen Kanten der Decke feststecken. Von Hand annähen.

11. Die beiden übrigen Stoffschläuche an die Ober- und Unterkante legen und Schritt 10 (Abb. 4) wiederholen.

12. Die Decke vorsichtig dämpfen und aufschütteln.

KERZE IM GLAS

Duftkerzen machen Ihr Zuhause heimelig und schaffen eine Wohlfühlatmosphäre. Besonders an dunklen, nasskalten Winterabenden können ein dezenter Duft und ein gemütliches Kerzenflackern der Seele unendlich wohltun. Kerzen selbst zu machen ist eine wirklich befriedigende Tätigkeit. Auch wenn das Angebot an Kerzen natürlich riesig ist, probieren Sie es ruhig einmal aus.

SIE BRAUCHEN

Sojawachs – für 2 Gläser voll Wachs ausreichend
Glasgefäß mit Deckel
Kerzendocht, etwas länger als die Höhe des Glases
30–40 Tropfen ätherisches Öl
2 Strohhalme
2 Gummibänder

---

1. Zwei Gläser voll Wachs in einem hitzebeständigen Gefäß abmessen.

2. Kochendes Wasser in das Glasgefäß geben. Das Wasser erwärmt das Glas und hilft dabei, die Kerze gleichmäßig auszuhärten. Wenn das Glas warm ist, das Wasser auskippen und das Glas gründlich abtrocknen. Den Docht am Glasboden mit einem Tropfen Kleber oder doppelseitigem Klebeband befestigen.

3. Das Wachs im Wasserbad oder der Mikrowelle schmelzen. Bei Verwendung der Mikrowelle darauf achten, dass es nicht zu heiß wird.

4. Das Wachs von der Hitzequelle nehmen und das ätherische Öl einrühren. Dann vorsichtig in das Glasgefäß füllen. Den Docht mithilfe der Gummibänder zwischen beiden Strohhalmen einklemmen, damit er während des Festwerdens des Wachses nicht verrutscht. Die Kerze zum Aushärten an einen warmen Ort stellen. Lassen Sie sich nicht dazu verleiten, den Prozess im Kühlschrank zu beschleunigen, das Wachs würde nicht gleichmäßig härten. Wenn die Oberfläche der fertig ausgehärteten Kerze uneben oder etwas eingesunken ist, erwärmen Sie sie mit dem Föhn, dann sollte sie schön gleichmäßig werden.

5. Wenn die Kerze fest ist, schneiden Sie den Docht etwas ab und schließen das Glas mit dem Deckel. Bewahren Sie die Kerze auf oder zünden Sie sie gleich an. Lassen Sie sie beim ersten Mal so lange brennen, bis die Oberfläche komplett geschmolzen ist. Dadurch brennt sie auch später gleichmäßig ab.

ENERGIESPARTIPPS

Schon kleine Änderungen können große Energieersparnisse bewirken – wichtig für Ihren Geldbeutel und unseren Planeten. Manchmal bedeutet das nur einen Knopfdruck.

WENN DIE TEMPERATUREN SINKEN und die Kälte ins Haus kriecht, schließen Sie alle Vorhänge, um die Wärme drinnen und die Kälte draußen zu halten.

SCHLIESSEN SIE IHRE TÖPFE BEIM KOCHEN mit dem Deckel und stellen Sie die Töpfe auf Herdplatten passender Größe.

FÜLLEN SIE NUR SO VIEL WASSER IN DEN KESSEL ODER WASSERKOCHER, wie Sie benötigen.

TROCKNEN SIE IHRE WÄSCHE MÖGLICHST DRAUSSEN IN DER SONNE, anstatt den Wäschetrockner zu benutzen oder die Wohnung mit Feuchtigkeit zu belasten.

DREHEN SIE DAS HEIZUNGSTHERMOSTAT HERUNTER. Ein Prozent weniger kann zehn Prozent Heizleistung sparen.

SPAREN SIE BEIM WASCHEN: 60-Grad-Programme benötigen 30 Prozent mehr Energie als 40–Grad-Programme.

ERINNERN SIE SICH AN DIE ZUGLUFTSTOPPER, die Ihre Großmutter aus Socken bastelte? Nähen Sie Stoffschläuche, die Sie mit Papier, Sägemehl oder Polyesterwatte füllen und dichten Sie damit die Schlitze unter den Türen ab. Befestigen Sie sie mit ein paar Haken unten an den Türen, um sie beim Öffnen nicht immer beiseiteschieben zu müssen.

SCHALTEN SIE DIE STAND-BY-FUNKTION AUS und ziehen Sie die Stecker von Geräten, die nicht ständig in Benutzung sind.

ZIEHEN SIE LIEBER NOCH EINEN PULLOVER AN, anstatt die Heizung hochzudrehen. Tragen Sie drinnen eine Kopfbedeckung, das macht es kuschelig. Auch Thermounterwäsche ist nicht zu verachten. Und legen Sie sich dicke Wollsocken zu.

EIN PAAR DECKEN UND PLAIDS verbreiten auf dem Sofa heimelige Wärme, wenn Sie es sich zu einem Filmmarathon gemütlich machen.

HÄNGEN SIE VOR ALLE AUSSENTÜREN VORHÄNGE, um Wärmeverlust und Zugluft zu minimieren.

VERGESSEN SIE NICHT DIE GUTE ALTE WÄRMFLASCHE, bestens geeignet für Betten, Schöße und Hände, die schon steif vor Kälte sind.

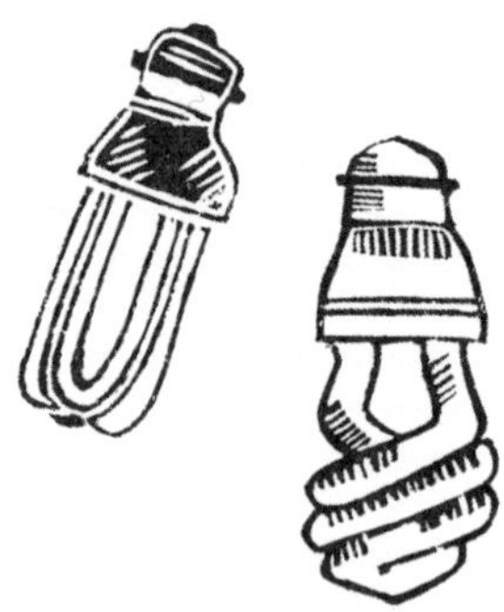

SELBST GEMACHTE „SMUDGE STICKS“

Reinigen Sie Ecken und Winkel mit diesen einfach gemachten „Smudge Sticks“. Diese festen Bündel aus getrockneten Kräutern haben ihre Wurzeln in Riten der indigenen Urbevölkerung Amerikas, wurden aber auch von verschiedenen Kulturen der Welt zur Reinigung geweihter Orte verwendet. Das langsame Abbrennen der Trockenpflanzen hilft, abgestandene Luft zu erfrischen.

SIE BRAUCHEN

Auswahl an Gartenkräutern – Rosmarin, Thymian, Lavendel, Zitronenmelisse, Minze, Beifuß, Kiefer und Schafgarbe sind eine gute Wahl

starke Schnur aus Naturmaterial – nutzen Sie nichts mit künstlichen Materialien, da beim Verbrennen Giftstoffe entstehen könnten

---

1. Die Kräuter an einem trockenen, sonnigen Tag ernten. In gleiche Länge von etwa 10 cm schneiden. Je nach Blattdichte werden 15–20 Zweige benötigt.

2. Kräuter zu einem Bündel fassen – Sie brauchen ein schönes, dickes Bündel. Seien Sie nicht kleinlich.

3. Schnur einmal fest um ein Ende des Bündels wickeln und mit einem Knoten fixieren.

4. Nun das Kräuterbündel umdrehen und damit beginnen, die Schnur spiralförmig um das Bündel herumzuwinden. Oben angekommen, die Schnur wieder bis zum Ausgangspunkt zurückwinden.

5. Wenn das Bündel schön fest ist, die Schnur um das Ende wickeln und mit einem Knoten fixieren. Nach Bedarf Schritt 4 wiederholen, damit das Bündel schön fest ist.

6. An einem warmen, trockenen Ort gründlich trocknen lassen, das dauert 2–3 Wochen.

7. Zur Benutzung greifen Sie das Bündel am verknoteten Ende und halten das andere Ende in eine Kerzenflamme. Wenn das Bündel zu knistern beginnt, die Flamme auspusten, denn das Bündel soll nur glimmen. Das glimmende Ende über eine kleine Schale halten und unter vorsichtigem Schwenken die dunkelsten Ecken des Raums „ausräuchern“.

8. Sanft auf die Glut pusten, um das Bündel am Glimmen zu halten. Wenn Sie fertig sind, legen Sie das Bündel einfach in die Schale für den nächsten Einsatz.

STOFFKASCHIERTE DECKEN

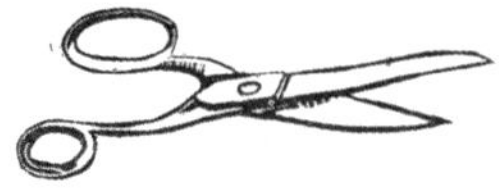

Kratzige Vintage-Wolldecken findet man oft für einen Spottpreis auf Flohmärkten, in Secondhand- oder in Charity-Shops. Heute müssen Wolldecken auf dem Bett meistens den moderneren Federbetten weichen. Aber mit einer schönen Stoffkaschierung kommen sie als hübsche Schoßwärmer ohne unangenehmes Kratzen wieder zu Ehren.

SIE BRAUCHEN

alte Wolldecke
1 m Linon oder anderer Stoff gleicher Qualität
5 m Schrägstreifen
farblich passendes Nähgarn

---

1. Die Wolldecke im Wollprogramm waschen und trocknen. Gut bügeln und, falls möglich, dämpfen, damit Falten verschwinden und die Decke schön glatt wird.

2. Ein Rechteck, 1 m x 1,4 m, aufzeichnen und aus der Decke zuschneiden. Weist die Decke Löcher oder Schäden auf, ist dies der ideale Zeitpunkt zum Ausbessern durch Stopfen oder einen Flicken.

3. Die Wolldecke auf den Baumwollstoff legen, rechte Stoffseiten nach außen zeigend, und die Stoffe glatt streichen. Es kann an dieser Stelle hilfreich sein, den Stoff beispielsweise mit Gewichten oder auch Konservendosen zu beschweren.

4. Wolldecke und Baumwollstoff entlang der Kanten heften, dabei fortwährend glätten.

5. Den Baumwollstoff auf die Größe der Decke zurückschneiden.

6. Den Schrägstreifen auseinanderfalten und auf der Stoffseite entlang einer Kante feststecken. Durch beide Lagen – Wolldecke und Baumwollstoff – annähen. Es kann hilfreich sein, zunächst alle Stofflagen zusammenzuheften, um das Nähen zu erleichtern. Auf der gegenüberliegenden Seite wiederholen.

7. Den Schrägstreifen über die gerade gefertigte Naht klappen und an der Wolldeckenseite feststecken. Von Hand annähen.

8. An den weiteren beiden Seiten wiederholen, jedoch an den Ecken ein paar Zentimeter Schrägstreifen überstehen lassen, diese dann zur Versäuberung um die Ecken legen und annähen. Anschließend gönnen Sie sich eine Tasse Tee, greifen zu einem guten Buch und kuscheln sich unter Ihre wärmende Decke.

FEUERANZÜNDER

Nichts geht über ein prasselndes Kaminfeuer, dazu eine Tasse Tee und eine Strickarbeit. Aber es kann eine echte Kunst sein, das Feuer anzuzünden, und das auch noch rasch. Wenn Sie diese Anzünder haben, ist Ihnen der zündende Erfolg sicher, und im Eimer neben dem Kamin sehen die guten Stücke auch noch hübsch aus. Außerdem können Sie sich endlich dieser schlecht riechenden gekauften Anzünder entledigen. Wenn Sie keinen Kamin zum Füßewärmen besitzen, dann nehmen Sie die Anzünder für den Grill oder das Lagerfeuer.

SIE BRAUCHEN

fein gehacktes Anzündholz oder trockene Zweige
trockene Kräuter und Gräser
Stoff oder Zeitung, in 5 cm breite Streifen geschnitten
Bast
Bienenwachs, Paraffin oder Kerzenreste
alter Pinsel

---

1. 4–5 Anzündhölzer oder Zweige und ein Bund Kräuter zusammenfassen und in einen Stoff- oder Zeitungsstreifen wickeln. Mit einem Stück Bast fixieren.

2. Schritt 1 so lange wiederholen, bis ein Stapel fertig ist.

3. Wachs in einem Topf oder im Ofen schmelzen.

4. Die Päckchen auf ein Backblech legen, um die Arbeitsfläche zu schützen. Das Wachs mithilfe des Pinsels auftragen.

5. Das Wachs abkühlen und aushärten lassen, dann ein oder zwei Anzündhölzchen statt der gewohnten zum Anzünden eines prasselnden Feuers verwenden.

DAS WUNDER DER EIERSCHALE

Nachdem Sie diese Seite gelesen haben, werden Sie nie wieder Eierschalen wegwerfen – wetten? Denn erstaunlicherweise sind sie echte Kraftpakete voller Mineralien, die beim Saubermachen ebenso hilfreich sind wie bei der Nährstoffanreicherung im Garten. Wenn Sie Ihre Tiere damit füttern oder sogar sich selbst damit Mineralstoffe zufügen wollen, dann nehmen Sie die Schalen von Bio-Eiern und sterilisieren Sie sie gut.

EIERSCHALEN SIND IDEAL ZUM ENTFERNEN HARTNÄCKIGER FLECKEN AUF GLAS, besonders an schwer zugänglichen Stellen. Geben Sie ein paar Eierschalen zusammen mit Zitronensaft in das Gefäß und lassen Sie es einige Tage stehen, schwenken Sie es hin und wieder durch. Gefäß entleeren, mit Seifenlauge reinigen und trocknen lassen.

UM WEISSE WÄSCHE ZUM STRAHLEN ZU BRINGEN, geben Sie einige Eierschalen in einem gut verknoteten Nesselsäckchen in die Wäsche. Das verbannt jeden Grauschleier.

HINDERN SIE SCHNECKEN UND ANDERES GETIER daran, sich an Ihren Pflanzen gütlich zu tun, indem Sie Eierschalen um die Pflanzen streuen.

FÜTTERN SIE IHREN HÜHNERN EIERSCHALEN, sie ziehen sie dem Austernschalen-Futterzusatz vor. Mischen Sie die Schalen einfach unter das Futter.

GEBEN SIE EINE HANDVOLL EIERSCHALEN INS PFLANZLOCH, bevor Sie Tomaten einsetzen. Sie verhindern Kalziummangelzustände wie Blütenendfäule.

STECKEN SIE EINE STECKNADEL DURCH DEN SCHALENBODEN, füllen Sie ihn mit Anzuchterde, geben Sie Samen hinein und wässern Sie das Ganze, um Setzlinge zu ziehen.

GEBEN SIE EIERSCHALEN IN DEN KOMPOST, um den Kalziumgehalt zu erhöhen.

WEICHEN SIE EIERSCHALEN EIN PAAR TAGE IN APFELESSIG EIN, dann verwenden Sie diese Tinktur gegen raue Haut. Im Kühlschrank hält sie sich einen Monat.

STELLEN SIE EINEN DÜNGER FÜR ZIMMERPFLANZEN HER, indem Sie ein halb mit Eierschalen gefülltes Glas mit Wasser auffüllen. Ein paar Tage stehen lassen, dann die Pflanzen damit gießen.

STELLEN SIE IHR EIGENES KALZIUMSUPPLEMENT HER, indem Sie die Eierschalen bei 180 °C etwa 10 Minuten im Ofen backen, abkühlen lassen und dann zu feinem Pulver zerstoßen. Täglich einen Löffel voll in Suppen oder Smoothies rühren. Hält sich einen Monat.

FÜLLEN SIE SCHALENHÄLFTEN MIT BIENENWACHS und einem Docht und geben Sie ein paar Tropfen ätherischen Öls hinzu, um Duftkerzen herzustellen.

BAMBUS-DUFTDIFFUSER

Ein natürlicher Duft macht das eigene Zuhause behaglicher und kuscheliger. Diese schicken Bambus-Bedufter brauchen weder eine offene Flamme noch einen angeheizten Stein, um ihren Duft zu verbreiten. Sie benötigen lediglich eine hübsche Flasche, ein paar Holzstäbchen und die Duftöle Ihrer Wahl. Ziehen Sie natürliche Öle vor, so profitieren Sie auch noch von deren positiver Wirkung auf Ihre Gesundheit.

SIE BRAUCHEN

5–6 dünne Bambusstäbchen, die spitzen Enden abgeschnitten
50 ml Wundbenzin
50 ml mildes Öl (Traubenkernöl, süßes Mandelöl, mildes Olivenöl)
enghalsige Vase oder Flasche
30–40 Tropfen ätherisches Öl oder Duft

---

1. Mit einer scharfen Schere die spitzen Enden der Bambusstäbchen abschneiden und wegwerfen.

2. Wundbenzin und Öl in das Gefäß geben und gut vermischen.

3. Ätherisches Öl zugeben und wieder durchschwenken.

4. So viele Stäbchen wie möglich in die Flasche stecken, damit der Duft freigesetzt wird.

5. Einige Stunden stehen lassen, dabei hin und wieder durchschwenken. Dann die Stäbchen umdrehen, sodass die trockenen Enden in der Flüssigkeit stehen.

6. Die letzten beiden Schritte so lange wiederholen, bis die Stäbchen mit Flüssigkeit gesättigt sind. Auch danach alle paar Tage umdrehen, damit der Duft weiterhin austritt.

PRAKTISCHER TIPP

Abhängig vom Flaschenvolumen kann die Menge von Wundbenzin und Öl variiert werden, aber behalten Sie das 1:1-Verhältnis bei. Pro 100 ml Basisöl können 10 Tropfen ätherisches Öl zugegeben werden, aber probieren Sie ruhig herum, wenn Sie es kräftiger oder dezenter mögen.

Im Garten

IM GARTEN SETZT SICH DAS SELBERMACHEN IM EIGENEN ZUHAUSE FORT. BESONDERS, WEIL VIELE MENSCHEN HEUTE DIE ZEIT ZURÜCKDREHEN UND SICH DARAUF BESINNEN, EINEN PRODUKTIVEN GARTEN ZU BESITZEN, DER OHNE PESTIZIDE UND CHEMISCHE DÜNGER AUSKOMMT. WIR KEHREN WIEDER AUF ALTE PFADE ZURÜCK, HALTEN UNS EIN PAAR HÜHNER ODER FÖRDERN VÖGEL, BIENEN UND ANDERE NÜTZLINGE, DAMIT EIN STARKES ÖKOSYSTEM ENTSTEHEN KANN, DAS SCHÄDLINGEN TROTZT. HIER GIBT ES ABER AUCH IDEEN FÜR DIEJENIGEN, DIE KEINEN AUSSENBEREICH HABEN. ES IST SCHON ERSTAUNLICH, WAS AUF EIN ODER ZWEI FENSTERBÄNKEN ALLES WACHSEN KANN!

KRÄUTER

Hier finden Sie meine fünf Lieblingskräuter. Weil sie so einfach auf der Fensterbank zu halten sind, werden sie sicher oft zum Einsatz kommen, nicht nur zum Kochen.

LAVENDEL

Er ist die Lichtgestalt in jedem Kräutergarten, daher bildet diese duftende Medizinpflanze auch das Rückgrat vieler Grundstücke. Um zur Blüte zu gelangen, braucht der Lavendel einen sonnigen Standort und leichten Sandboden. Verwenden Sie die geernteten Blüten in Leinensäckchen, Raumdüften oder Seifen und machen Sie daraus Lavendelzucker, -salz oder -sirup. Als Öl ist er gut gegen Insektenstiche, kleine Kratzer und Schnitte und unschlagbar bei Verbrennungen.

ZITRONENMELISSE

Die buschige mehrjährige Staude ist sehr wuchsfreudig und braucht daher eine ordnende Hand. Sie hat einen frischen, zitronigen Duft mit einer minzigen Note. Ihre kleinen weißen Blüten locken Bienen an. In der Küche ist sie besonders beliebt für Fisch- und Geflügelgerichte und für ein hervorragendes Pesto. Ein paar Blätter in heißem Wasser ergeben einen wunderbar erfrischenden und belebenden Tee, der einen aus dem Nachmittagstief holt. Zitronenmelisse kann für einen antiviralen Balsam eingesetzt werden (siehe Seite 110), der gegen Herpes hilft und Mücken abwehrt.

PETERSILIE

Die leicht anzupflanzende Petersilie wird oft zur dekorativen Zutat degradiert, dabei gibt es so viele Anwendungsmöglichkeiten für die Vitamin-C-strotzende Pflanze. Sie steckt voller Antioxidantien und schon mit einer kleinen Menge in den täglichen Mahlzeiten kann man von ihren Inhaltsstoffen profitieren. Als Garnierung ist sie jedermanns Liebling. Verwenden Sie sie in Salaten, in Pesto oder zusammen mit Fenchel als verdauungsunterstützenden Nachmittagstee. Ein paar Stängel zu kauen neutralisiert Mundgeruch.

PFEFFERMINZE

Die Haltung im Topf ist der beste Weg, diese eigenwillige und vielseitige Pflanze unter Kontrolle zu halten. Sie eignet sich für einen kühlenden Tee, der die Verdauung unterstützt und ein rebellierendes Verdauungssystem beruhigt. Im Haus ist sie ein guter Schädlingsbekämpfer (man kann sie gegen Mäuse, Ratten, Ameisen und andere unwillkommene Insekten und Käfer einsetzen). Eine Sprühlösung aus Pfefferminzblättchen in Regenwasser kann Blattläuse auf Ihren Pflanzen bekämpfen. Wenn sich Ihr Haustier eine Zecke eingefangen hat, hilft ein Tropfen Pfefferminzöl dabei, deren Zangen zu lösen und sie einfacher zu entfernen.

ROSMARIN

Ein harter, immergrüner Busch mit einem starken waldigen Duft. Rosmarin kann in Öl gelöst bei Hautirritationen oder auf die Schläfen gerieben gegen Kopfschmerz helfen. Auch als Haarspülung eignet er sich, und er hilft gegen Schuppen. Als Tee genossen kann Rosmarin die rasche Genesung unterstützen. Mit Salz gemischt ist er in der Küche eine tolle Würze für diverse Gerichte, besonders zu Hähnchen oder auf einem selbst gebackenen Brot. Im Garten hält er, neben die Möhren gesetzt, Fliegen fern.

LIQUIDS

NATÜRLICHE NÄHRSTOFFANREICHERUNG FÜR ERDE

Am Anfang gesunder, kräftiger Pflanzen steht der Boden. Trockener, staubiger und nährstoffarmer Boden ist für nichts anderes als Unkraut geeignet. Meiden Sie Chemikalien, die eine Rekordernte versprechen – koste es, was es wolle – und gehen Sie den natürlicheren Weg. Nehmen Sie einen der unten genannten Dünger, und Ihr Garten wird gedeihen, Früchte und Gemüse werden vor Inhaltsstoffen strotzen und ein warmes Gefühl in Ihrem Herzen wird Ihnen bestätigen, dass all das nützliche Krabbelgetier einen weiteren Tag leben wird.

EIERSCHALEN – in das Pflanzloch geben, um Jungpflanzen mit einer Extraportion Kalzium zu versorgen. Während der Wachstumsperiode auf den Boden streuen – sowohl um Schnecken davon abzuhalten, Ihren geschätzten Salat zu verzehren, als auch als Mineralstoffzugabe für den Boden.

HOLZASCHE – sparsam verwendet steuert sie Kalium und Magnesium bei, die beide für gesundes Wachstum wichtig sind. Sie kann ebenfalls zu saure Böden neutralisieren. Verwenden Sie nur die Asche von unbehandelten Harthölzern.

GEMÜSESCHALEN – füllen Sie einen Graben damit und decken Sie die Schalen mit Erde ab, bevor Sie die Samen setzen. Die Schalen zersetzen sich langsam und helfen den Pflanzen mit Extra-Nährstoffen auf die Sprünge.

SELBST ANGELEGTER KOMPOST – das Zugpferd jedes Gartens. Legen Sie Sorgfalt auf guten Kompost und in Ihrem Garten wird es sprießen.

SEETANG – sammeln Sie etwas davon bei Ihrem nächsten Urlaub am Meer ein. Trocknen Sie ihn, mahlen Sie ihn zu Pulver und streuen Sie ihn um die Pflanzen.

BITTERSALZ – Tomaten, Rosen und Paprika können davon einfach nicht genug bekommen. Auf Rasen gestreut und anschließend gewässert kann es diesen unglaublich aufleben lassen und eine grüne Explosion bewirken.

GARTENFREUNDE

Nachdem Sie nun kräftige, widerstandsfähige Pflanzen aufgezogen haben, die Schädlingen und Krankheiten trotzen, ist der nächste Schritt, all die Nützlinge anzulocken und zum Bleiben zu bewegen, die Ihren Garten chemiefrei und gesund halten. Um optimale Bedingungen für Boden, Pflanzen und Wachstum sowie ein natürliches Gleichgewicht herzustellen ist es notwendig, dass auch ein paar Schädlinge bei Ihnen verweilen.

BIETEN SIE DUNKLE, FEUCHTE UNTERSCHLUPF-MÖGLICHKEITEN für verschiedene Insekten an, z.B. Holzstapel, ein paar größere Steine, hohle Stämme oder nicht verrottete Blätter in einer verborgenen Ecke des Gartens. Auch Futterquellen für Nektar und Pollen sollten vorhanden sein, säen Sie deshalb entsprechende Pflanzen.

FRÖSCHE UND KRÖTEN sind Gold wert, um Insekten in Schach zu halten. Sie brauchen feuchte Ecken oder einen kleinen Tümpel.

IGEL SIND SEHR WILLKOMMEN, denn sie futtern sich im Nu durch jede Nacktschneckenpopulation. Sie lieben trockene, verschwiegene Ecken, am liebsten in Hecken oder einem Blätterhaufen, und nahegelegene Wasserquellen.

VÖGEL BRAUCHEN NISTMÖGLICHKEITEN, üppig mit Kletterpflanzen bewachsene Mauern, große Büsche und Bäume. Sie verputzen eine Menge Insekten, Blattläuse, Käfer und Spinnen. Spatzen und Finken sind wild auf Unkrautsamen.

ES KANN EINE GEWISSE ZEIT DAUERN, ein natürliches Schädlingsbekämpfungssystem im Garten zu etablieren. Unten finden Sie ein paar chemiefreie Methoden im Kampf gegen ungebetene Gäste.

OHRENKNEIFER KÖNNEN WAHRE BERSERKER SEIN, die sich durch Ihre frisch gesetzten Sämlinge schmarotzen. Ein umgedrehter und mit Heu oder Stroh gefüllter Blumentopf kann zum Einsammeln der Insekten dienen, um sie dann aus dem liebevoll gepflegten Gemüsegarten zu entfernen.

EINE UMGEDREHTE ORANGEN- ODER GRAPEFRUITHÄLFTE ist ein begehrter Unterschlupfort für Schnecken, die man dann einfach entfernen kann.

DECKEN SIE BEERENSTRÄUCHER UND KIRSCHBÄUME MIT ALTEN NETZGARDINEN AB, um diese davor zu schützen, dass Beeren und Kirschen – ehe Sie sichs versehen – von den Vögeln verputzt werden.

KUPFERBAND UM PFLANZTÖPFE HERUM kann Schnecken fernhalten.

FENSTERBANKSALAT

Gemüse selbst ziehen kann eine sehr erfüllende Sache sein, aber leider hat nicht jeder den Platz, der das ermöglicht. Doch keine Sorge, auch eine simple Fensterbank kann eine Fülle an gesunden, nährstoffreichen Pflanzen mit frischen, saftigen Blättern hervorbringen. Sie müssen nur noch nach Bedarf zugreifen. Um loszulegen, brauchen Sie nichts weiter als etwas gute Erde, eine Auswahl an Salatsamen und ein passendes Gefäß.

SIE BRAUCHEN

Scherben oder eine paar Stücke zerbrochenen Geschirrs
ein rechteckiges Pflanzgefäß mit Untersatz
Pflanzerde – Anzucht- oder Blumenerde ist gut geeignet
Samen, am besten von Pflücksalat

---

1. Scherben auf dem Boden des Pflanzgefäßes verteilen, mit Erde bedecken.

2. Erde wässern und sich setzen lassen, dann nach Bedarf auffüllen.

3. Samen in Längsreihen aussäen und mit etwas Erde bedecken.

4. Auf eine sonnige Fensterbank stellen und regelmäßig wässern, um die Erde feucht zu halten.

5. Wenn die Samen sprießen, müssen sie eventuell etwas ausgedünnt werden. Pflücksalat kann dichter wachsen, da die jungen Blätter jeweils abgeschnitten werden. Man kann bei manchen Sorten bis zu vier Ernten bekommen, doch wenn das Wachstum sich verlangsamt, ist es Zeit, die Pflanzen zu entfernen, die Erde zu erneuern und neu einzusäen. Auf diese Weise sind Sie stets mit frischem Salat versorgt.

PFLANZENELIXIER

Verleihen Sie Ihren Pflanzen einen Vorsprung mit diesem einfachen Elixier. Unkräuter sind gut darin, Nährstoffe und Mineralien aus dem Boden zu ziehen, warum also nicht deren Potenzial nutzen und für diesen Sud einsetzen? Geben Sie auch andere Pflanzen hinein, die sonst auf dem Kompost landen würden, um Ihrem Elixier noch mehr Pfiff zu geben.

SIE BRAUCHEN

alte Strumpfhose oder großer Netzbeutel
verschiedene Gartenpflanzen und Unkräuter – Nesseln, Beinwell, Löwenzahn, Sauerampfer, Petersilie, Minze, Schafgarbe, Wegerich, Rosmarin, Thymian, Fenchel etc.
großer Eimer

---

1. Ein Strumpfhosenbein oder den Netzbeutel mit den Pflanzen füllen. So fest wie möglich hineinstopfen und den Strumpf bzw. Beutel oben fest verknoten.

2. In einen großen Eimer mit Wasser legen, abdecken und mindestens drei Wochen stehen lassen, dabei hin und wieder umrühren. Wenn das Elixier fertig ist, mit Wasser im Verhältnis 1:3 anwenden.

KOMPOST-VERSTÄRKER

Es ist eine wahre Kunst, guten Kompost zu produzieren. Damit sich ein Haufen Pflanzenmaterial in wunderbare wachstumsfördernde Erde verwandelt, ist Sorgfalt gefragt. Das Gleichgewicht aus braunem und grünem Material spielt dabei eine Schlüsselrolle. Zu viel Grünes, und der Komposthaufen beginnt schleimig zu werden und zu stinken. Zu viel Braunes, und Sie können eine Ewigkeit warten, bis etwas passiert.

Wenn Sie das richtige Verhältnis gefunden und das Gefühl haben, dass es zwar ausgewogen ist, aber trotzdem nicht vorangeht, kann dieser Verstärker das gewisse Quäntchen bedeuten, das die Sache zum Laufen bringt. Ich schlage folgende Zutaten vor: altes Bier, Kaffeesatz, Beinwell, etwas Grasschnitt, Hühnermist und Urin. Oder gehen Sie nach diesem Rezept vor:

SIE BRAUCHEN

200 ml Regenwasser
100 ml Glyzerin
großes Gefäß mit Deckel
2 EL gemischte getrocknete Kräuter – Brennnesseln, Kamille, Löwenzahn, Schafgarbe etc.
ein paar Stückchen Eichenrinde – von Ästen oder dem unteren Stammbereich – schälen Sie aber keine frische Borke ab

---

1. Wasser und Glyzerin in einem großen Gefäß vermischen, mit dem Deckel schließen und gründlich schütteln. Alle getrockneten Kräuter und Rinde zugeben, wieder schütteln und mindestens eine Woche an einem warmen, sonnigen Ort stehen lassen.

2. Wenn Sie soweit sind, den Kompost aufzufrischen, mit einer Stange 5–6 Löcher in den Komposthaufen bohren. Dann in jedes Loch etwa 50 ml Elixier füllen. Die Löcher mit Erde abdecken und fest andrücken. Etwa alle sechs Wochen wiederholen.

DEKO-PFLANZENMARKER

Pflanzenmarker im Topf sind praktisch und sinnvoll. Sie erinnern an alle wichtigen Dinge, die Sie über die jeweilige Pflanze wirklich wissen müssen. Sie sind zwar ein wesentliches Gartenzubehör, müssen deswegen aber nicht langweilig aussehen. Mit ein wenig floralem Dekor lassen diese handlichen Marker immer noch genügend Platz zum Draufschreiben, um später entfernt und neu beschriftet zu werden.

SIE BRAUCHEN

1 Päckchen lufttrocknender Ton
Schablone für den Markierer (siehe unten)
Lineal
scharfes Messer
mittelfeines Schmirgelpapier
kleine Abziehbilder mit floralen Motiven
Klarlack
Fettstift

---

1. Den Ton zu einem Rechteck ausrollen, etwas größer als DIN A4.

2. Am Rand beginnend die Schablone auflegen und vorsichtig um die Schablone herum ausschneiden. Wiederholen, bis acht Stück ausgeschnitten sind.

3. Unsaubere Ränder mit dem Lineal begradigen und trocknen lassen.

4. Wenn die Markierer getrocknet sind, die Ränder mit dem Schmirgelpapier glätten.

5. Die Abziehbilder nach Packungsanweisung vorbereiten und vorsichtig am oberen Ende jeweils ein Motiv anbringen.

6. Wenn die Abziehbilder angetrocknet sind, die Markierer dreimal lackieren.

7. Mit dem Fettstift beschreiben.

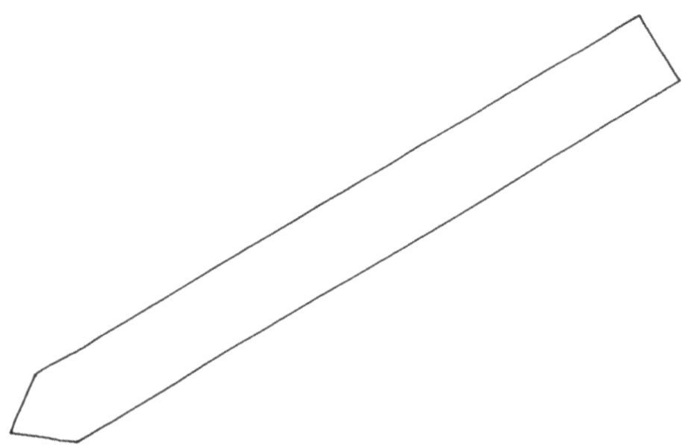

WAS HAT SAISON?

Um das Beste von Obst und Gemüse zu nutzen, kaufen Sie saisonal. Das bedeutet zwar, im Winter auf Erdbeeren zu verzichten, aber dafür werden Sie das wundervolle Aroma der Früchte umso mehr genießen können, wenn Sie im Frühjahr in Ihre erste süße Erdbeere beißen. Unten ein kurzer Saisonkalender, der zeigt, wann welches Gemüse und welches Obst seine Hochzeit hat, wobei es regionale Unterschiede gibt. Diese Liste gibt jedoch die ungefähre Richtung vor.

FRÜHJAHR

GEMÜSE – Brokkoli, Frühkohl, Spinat, Mangold, Blumenkohl, Lauch, Radieschen, Rucola, Pflücksalat, Kohlrabi, Frühlingszwiebeln, Brunnenkresse, dicke Bohnen, Spargel.

FRÜCHTE – Rhabarber, Erdbeeren.

SOMMER

GEMÜSE – Salat, Pflücksalat, Rucola, Bohnen, Rote Bete, Brokkoli, Möhren, Zucchini, Gurken, Fenchel, Erbsen, Rettich, Tomaten, Knoblauch, Brunnenkresse, Blumenkohl, Spinat, Mangold.

FRÜCHTE – Erdbeeren, Heidelbeeren, Johannisbeeren, Holunderblüten, Himbeeren, Melonen, Zitronen, Stachelbeeren, Aprikosen, Pfirsiche, Pflaumen, Brombeeren, Kirschen, Birnen.

HERBST

GEMÜSE – Sellerie, Möhren, Pilze, Wirsing, Lauch, Kürbis, Zucchini, Mangold, Mais, Tomaten, Rote Bete, Pflücksalat, Bohnen, Blumenkohl, Brokkoli, Sellerie, Kohlrabi.

FRÜCHTE – Äpfel, Pflaumen, Zwetschgen, Birnen, Quitten, Schlehen, Holunderbeeren, Brombeeren, Kirschen, Mirabellen, Aprikosen.

WINTER

GEMÜSE – Rosenkohl, Weißkohl, Blumenkohl, Sellerie, Grünkohl, Lauch, Wirsing, Pastinaken, Rotkohl, Steckrüben.

FRÜCHTE – Äpfel, Birnen.

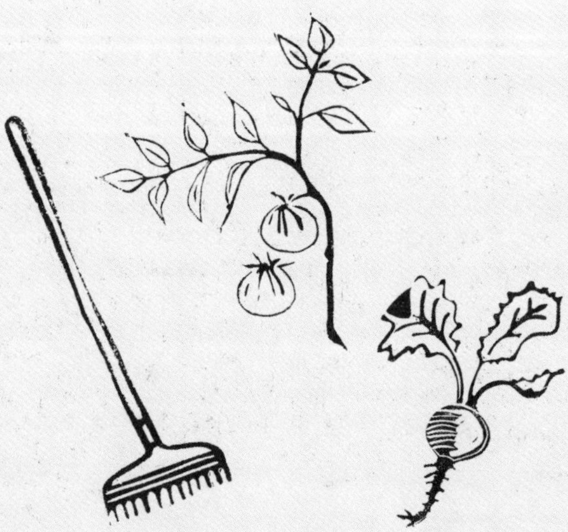

ESSBARE WILDPFLANZEN

Sie müssen nur einmal „Lebensmittel umsonst“ sagen – schon werden viele Ohren gespitzt und Köpfe Ihnen zugewendet. Heute, wo man überall Fertiggerichte bekommt, gerät das Anbauen von frischen Lebensmitteln ins Hintertreffen. Aber auch wenn Sie auf Ihren täglichen Wegen, an geschützten Wegesrändern und Brachflächen aufmerksam Ausschau halten, können Sie alle möglichen Zutaten für eine leckere Mahlzeit finden. Ist es nicht viel schöner, mit einem Korb einen Feldweg entlangzuschlendern, als hektisch und lustlos an Supermarktregalen vorbeizueilen?

Viele verbinden diese Tradition des Sammelns in der Natur mit dem Herbst, wenn die Hecken von Brombeeren, Hagebutten und Haselnüssen zum Bersten voll sind, doch gibt es fast das ganze Jahr über eine ganze Menge essbarer Pflanzen. Nebenan für den Anfang eine kurze Liste, prüfen Sie aber immer mit einem Bestimmungsbuch, was Sie da in Ihren Korb legen. Lassen Sie stehen, was Sie nicht eindeutig bestimmen können und nehmen Sie nie ungewöhnliche Blätter oder Beeren mit. Prüfen Sie immer vorher, ob Sie berechtigt sind, in Parks oder auf Brachflächen Pflanzen zu sammeln, besonders dann, wenn Sie nicht genau wissen, ob es sich um öffentlichen oder privaten Grund handelt. Und handeln Sie umsichtig, ernten Sie nie eine ganze Fläche komplett ab. Lassen Sie etwas für andere Lebewesen und Sammler stehen.

FRÜHJAHR

Vogelmiere, Schafgarbe, junge Borretschblätter, Holzapfelblüten, Löwenzahnblüten, Bärlauch, Brennnesseln, Weissdornblüten, Pilze.

SOMMER

Engelwurz, Borretsch (kleine Blätter und Blüten), Kamille, Schnittlauch, Schafgarbe, Fetthenne, Holunderblüten, Frauenmantel, Rosenblüten, Sauerampfer, Ringelblumen, Minze, Gänsefingerkraut, wilde Erdbeeren.

HERBST

Brombeeren, Haselnüsse, Holzäpfel, Holunderbeeren, Mispeln, Vogelbeeren, Schlehen, Zwetschgen, Walnüsse, Weißdornbeeren, Hagebutten.

WINTER

Brennnesseln, Löwenzahn, Hagebutten, Giersch, Süßdolde, Vogelmiere.

BIENEN HELFEN

Das Frühjahr ist für Bienen und andere Pollensammler im Garten eine knifflige Zeit. Nachdem alle winterlichen Vorräte verzehrt sind, müssen sie schnellstmöglich wieder aufgefüllt werden, um die erforderliche Population für ein lebensfähiges und erfolgreiches Volk und damit ein gutes Ernteresultat zu erreichen. Hier ein paar Möglichkeiten, Bienen im Frühjahr zu unterstützen.

WÜRDIGEN SIE DAS UNKRAUT – versuchen Sie, einen schmalen Streifen in Ihrem Garten unberührt und voller Früh- und Spätblüher zu lassen. Um diese Zeit sind Weißklee und Löwenzahn sehr wertvoll.

WEG MIT DEN CHEMIKALIEN – und zwar mit allen, auch wenn sie versprechen harmlos zu sein. Sie können für Bienen schädlich sein.

BEACHTEN SIE DIE FARBEN – Bienen können die Farbe Rot nicht erkennen, also setzen Sie rotblühende Pflanzen ganz unten auf Ihre Liste. Wählen Sie weiße, gelbe, blaue und violette Blüten und pflanzen Sie sie in Gruppen, damit eine Biene sie im Vorbeiflug erkennen kann.

GEBEN SIE BIENEN ETWAS ZU TRINKEN – legen Sie einen großen Stein oder einen Kiesel in die Vogeltränke oder stellen Sie eine flache Schale mit Wasser in den Garten. Bienen brauchen eine Wasserquelle, in der sie nicht untergehen, und einen sicheren Landeplatz.

KAUFEN SIE IHREN HONIG AUS LOKALEM ODER REGIONALEM ANBAU – dabei ist die Wahrscheinlichkeit höher, dass er unerhitzt und damit gesünder ist. Er kostet zwar etwas mehr, aber Sie unterstützen die Bienenvölker in Ihrer Nähe. Lassen Sie niemals ungesäuberte Honiggläser draußen stehen, die Honigreste könnten mit Bienenkrankheitserregern kontaminiert sein und ganze Völker auslöschen.

PFLEGEN, WACHSEN, SAMMELN ...
FÜLLEN SIE IHREN TAG MIT FREUDE!

DAS WUNDER DES HONIGS

Diese goldene Flüssigkeit, aus dem Nektar hart arbeitender Bienen gewonnen, ist ein echtes „Superfood", das in jedermanns Küchenschrank zu finden sein sollte. Honig kann die Heilung von innen und außen fördern, er wirkt feuchtigkeitsspendend, antibakteriell sowie entzündungshemmend und schmeckt einfach gut. Vergessen Sie aber nicht, dass nicht jeder Honig aus vertrauenswürdiger Quelle stammt und mit Zuckersirup oder anderen Füllmaterialien gestreckt sein kann. Kaufen Sie am besten beim lokalen oder regionalen Imker ein. Die schlimmsten Angebote von Honigimitaten sind meist billige Importware, schauen Sie also genau aufs Etikett.

SCHNITTE UND SCHRAMMEN SÄUBERN – Honig ist ein natürliches Antiseptikum. Er hat antimikrobielle Eigenschaften und kann Infektionen vorbeugen.

AUF HARTNÄCKIGE AKNEPUSTELN TUPFEN – Honig kann Infektionen eindämmen und den Heilungsprozess fördern.

ALS LIPPENBALSAM BEI AUFGESPRUNGENEN LIPPEN VERWENDEN. Versuchen Sie aber, nicht alles abzulecken, bevor der Honig seine Wirkung entfalten kann.

BEDECKEN SIE VERBRENNUNGEN mit einer dünnen Honigschicht und decken Sie diese mit einem feuchten Tuch ab.

MASSIEREN SIE IHN IN DIE HAARSPITZEN EIN, er nährt das Haar. Lassen Sie ihn 20 Minuten einwirken und waschen Sie das Haar im Anschluss wie gewohnt.

BERUHIGEN SIE EINEN REBELLISCHEN MAGEN, indem Sie einen Tee mit Ingwer und Honig trinken.

EIN TEELÖFFEL VOLL HONIG PUR GENOSSEN kann Verdauungsstörungen und Reflux lindern.

ESSEN SIE HONIG, um den Kater nach einer ausschweifenden Nacht zu kurieren.

WENN SIE UNTER HEUSCHNUPFEN LEIDEN, kaufen Sie lokalen Honig und essen Sie täglich davon. Das kann dabei helfen, gegen die Allergene aus Ihrer Umgebung immunisiert zu werden.

VOGELFUTTERFLASCHE

Wenn der Sommer sich dem Ende neigt und es immer früher dunkel wird, wird es Zeit, an unsere gefiederten Freunde zu denken. Sobald das Wachstum ihrer Futterquellen nur noch spärlich ist, können wir sie mit ein paar leckeren Knabbereien versorgen, damit sie die frostigen Tage besser überstehen. Die umfunktionierten Plastikflaschen sind ideal als Futterstationen und sehen zudem noch toll aus, wenn sie im Garten hängen.

SIE BRAUCHEN

kleine Plastikflasche mit Schraubverschluss
1 Stück Gartendraht
starker Kleber
Blumentopfuntersetzer aus Plastik
weiße/farbige Sprühfarbe
Abziehbilder nach Wunsch
Sprühlack
Vogelfutter
Drahtschere
Schere

---

1. Flasche waschen und abtrocknen, alle Etiketten ablösen.

2. Den Deckel abschrauben und ein Loch hineinbohren, durch das der Gartendraht passt.

3. Aus dem Gartendraht eine Aufhängeöse formen und durch das Loch führen, die Enden miteinander verdrehen, sodass der Draht an der Unterseite des Deckels fixiert ist. Den Deckel wieder auf die Flasche schrauben.

4. Am unteren Ende der Flasche eine kleine torbogenförmige Öffnung seitlich ausschneiden, dabei scharfe Kanten abrunden.

5. Den Flaschenboden mit für Plastik geeignetem Kleber einstreichen, in die Mitte des Untersetzers kleben und trocknen lassen.

6. Wenn der Kleber komplett getrocknet ist, mit Sprühfarbe nach Wahl in mehreren Schichten besprühen. Abziehbilder anbringen und als Schutz vor der Witterung Sprühlack aufbringen. Mit Vogelfutter füllen und draußen aufhängen.

HÜHNER HALTEN

Wenn Sie Hühner um sich haben, ist es vorbei mit der Langeweile. Vom stolzen aufgeregten Gackern, weil ein Ei gelegt wurde, bis hin zu den witzigen Tänzen, um nach Essbarem im Erdboden zu scharren: Hühner sind pflegeleichte Haustiere, die Sie als Gegenleistung für ein glückliches Leben mit freiem Auslauf fast das ganze Jahr über mit leckeren frischen Eiern belohnen. Lassen Sie sie im Herbst in den ausgelaugten Gemüsegarten, wo sie die Oberflächen aufkratzen, damit den Boden auflockern, Schädlinge und verrottende Pflanzen verputzen und ein wenig Dünger zurücklassen. Hier ein paar Tipps, wie Sie Ihre Hühnerhaltung ohne Probleme meistern.

FASSEN SIE DIE HÜHNER REGELMÄSSIG AN – so können Sie ihr Wohlbefinden prüfen und haben gleichzeitig ein kleines Kuschelerlebnis.

STREUEN SIE SAND AUF DEN BODEN im Hühnerhaus – das erleichtert das Säubern.

EIN PAAR TROPFEN GRAPEFRUITKERNÖL oder Apfelessig im Trinkwasser kann den Allgemeinzustand der Hühner enorm verbessern.

GEBEN SIE ZERSTOSSENE EIERSCHALEN INS FUTTER, das ist besser als teurer Austernschalen-Zusatz.

FÜTTERN SIE IM WINTER EINE MISCHUNG AUS HAFERFLOCKEN UND KLEIE mit warmem Wasser – es wärmt sie von innen.

GEBEN SIE DEN HÜHNERN WÄHREND DER MAUSER, wenn sie wie gerupfte Hühner aussehen, Rührei zum Futter (in der gegarten Form führt dies nicht dazu, dass die Hühner die Gewohnheit annehmen, rohe Eier zu fressen). Sie sind eine hervorragende Proteinquelle und stecken voller weiterer Inhaltsstoffe, die Hühner benötigen.

EINE HANDVOLL KÜRBISKERNE TÄGLICH kann vor Wurmbefall schützen. Außerdem: Hühner lieben es, nach ihnen zu picken.

Gesundheit aus der Natur

SEIT JAHRHUNDERTEN NUTZT MAN NATÜRLICHE ZUTATEN UND HEILMITTEL, UM KRANKHEITEN UND BESCHWERDEN ZU LINDERN ODER VORZUBEUGEN. FÜR DIE MEISTEN MENSCHEN SIND ARZNEIMITTELPACKUNGEN ODER REZEPTFREIE MEDIKAMENTE HEUTZUTAGE NICHT MEHR DIE ERSTE WAHL, SIE WÜNSCHEN SICH ALTERNATIVE METHODEN. DESHALB WENDEN SIE SICH WIEDER DEN GUTEN, ALTEN HAUSMITTELN ZU UND ENTDECKEN FÜR SICH DIE GROSSE HEILKRAFT VON HEILPFLANZEN. PFLANZEN UND DIE ALLGEGENWÄRTIGEN LEBENSMITTEL HONIG UND ESSIG GEHÖREN HEUTE ZU EINEM GESUNDEN LEBENSSTIL, SIE HELFEN BEI VIELEN WEHWEHCHEN UND LEIDEN. DIESE NATÜRLICHEN HILFSMITTEL GEGEN SONNENBRAND, EINEN GRUMMELNDEN MAGEN ODER HERPESBLÄSCHEN SIND EINEN VERSUCH WERT, BEVOR MAN SICH DER CHEMISCHEN ALTERNATIVEN BEDIENT, DIE OFT NICHTS BEWIRKEN.

UNVERZICHTBARER ESSIG

Diese meist unterschätzte bescheidene Flüssigkeit war vor über 10.000 Jahren eine Zufallsentdeckung, nachdem ein Behälter mit Wein sauer wurde. Seitdem wird Essig zur Konservierung vieler Lebensmittel verwendet, aber auch als Getränk und Digestif, als erste Hilfe bei verschiedenen Beschwerden, als ein hervorragendes Reinigungsmittel im Haushalt, zum Waschen von Obst und Gemüse, zur Wundreinigung, zur Läusebekämpfung und Vorbeugung von Skorbut, um nur ein paar Anwendungen zu nennen. Hier finden Sie ein paar Ideen, wie diese vielseitige Flüssigkeit heutzutage eingesetzt werden kann.

VERLEIHEN SIE MESSING, KUPFER ODER ZINN GLANZ, auf den Sie stolz sein können. Dafür 1 TL Salz mit 1 Tasse weißem Essig und so viel Mehl verrühren, dass eine zähe Paste entsteht. Auf das Metall auftragen und 20 Minuten einwirken lassen, dann abspülen und mit einem weichen Tuch polieren, bis es trocken und glänzend ist.

BAUMWOLL- ODER WOLLDECKEN WERDEN SCHÖN WEICH, wenn Sie im Spülgang eine Tasse Essig zugeben.

BRINGEN SIE FRUCHTFLIEGEN AUS DER BAHN, indem Sie in der Küche Fallen installieren. Dafür verrühren Sie 2 EL Zucker und 2 EL Essig in einer Tasse Wasser und lassen die Flüssigkeit in einem offenen Gefäß stehen, um die Fliegen anzulocken.

REINIGEN SIE DEN WASSERKESSEL und entfernen Sie Kalkablagerungen, indem Sie ihn mit einer Flasche Essig füllen und 30 Minuten einwirken lassen. Funktioniert auch mit dem Bügeleisen und der Kaffeemaschine.

ENTFERNEN SIE WASSERRÄNDER von Gläsern oder Tassen auf Holz, indem Sie eine 1:1-Mischung aus Essig und Olivenöl darauf verreiben.

VERNICHTEN SIE LÄSTIGES UNKRAUT im Garten durch das Besprühen mit Essig. Wiederholen Sie es bei den nachfolgenden Jungpflanzen, bis alle Pflanzen verschwunden sind.

GEBEN SIE EINE MISCHUNG AUS 1 TEIL ZUCKER UND 1 TEIL ESSIG in das Blumenwasser, das hält Schnittblumen länger frisch.

WENN IHR HUND ETWAS MÜFFELT, waschen Sie ihn erst mit Wasser, dann verrühren Sie eine Tasse Essig in einem Eimer Wasser und waschen den Hund anschließend mit dieser Mischung. Wenn er wieder trocken ist, ist auch der Geruch verschwunden.

BEI ERSTEN ERKÄLTUNGSANZEICHEN trinken Sie eine Mischung aus 1 TL Honig, 1 TL Apfelessig und 1 TL Zitronensaft in heißem Wasser aufgelöst. Das wirkt gegen die Schnieferei und einen belegten Hals.

SELBST GEMACHTER APFELESSIG

Die heilsame Wirkung von Essig ist seit Beginn der Aufzeichnungen bekannt. Essig ist längst nicht nur Teil eines wunderbaren Salatdressings, sondern auch ein wirksames Antiseptikum, das ganz ohne schädliche Nebenwirkungen im Haushalt eingesetzt werden kann. Ein Teelöffel Honig mit einem Spritzer Essig gilt als wahres Gesundheits-Wundermittel. Hühner und andere Kleintiere können von ein, zwei Löffeln Essig im Trinkwasser profitieren. Am besten eignet sich ein Entsafter, um so viel Saft wie möglich aus den Äpfeln zu gewinnen, aber wenn Sie keinen haben, dann tun es auch ein Mixer und ein Nussmilchbeutel. Halten Sie nach guter Reinzuchthefe Ausschau und lassen Sie sich nicht dazu verleiten, stattdessen normale Bäckerhefe zu nehmen, das kann fatale Folgen haben.

SIE BRAUCHEN

2 kg Äpfel, am besten bio
großes Gefäß
Reinzuchthefe
Entsafter, Mixer und Nussmilchbeutel oder Obstpresse
1 Stück Nesselstoff
Gummiband

---

1. Äpfel entsaften. Wenn Sie einen Mixer verwenden, dann zerkleinern Sie die Äpfel und mixen sie zu einem feinen Brei. Zum Abtropfen über Nacht an einen kühlen Ort stellen, dann so viel Flüssigkeit wie möglich auspressen.

2. Den Saft zusammen mit ein, zwei Löffeln des Breis in ein großes Gefäß geben. Reinzuchthefe nach Herstellerangaben hinzufügen und alles gut verrühren.

3. Das Stück Nesselstoff oder ein dekoratives Häkeldeckchen mit dem Gummiband über das Gefäß spannen. Bei Zimmertemperatur etwa vier Wochen zum Fermentieren stehen lassen. Hin und wieder kräftig umrühren und eventuell entstandenen Schaum von der Oberfläche schöpfen.

4. Der Essig ist fertig, wenn er sauer und essigartig schmeckt. Die Flüssigkeit abgießen oder die entstandene Essigmutter darin belassen und alles in eine sterilisierte Flasche umfüllen, die mit einem Deckel oder Korken geschlossen wird. Geben Sie etwas von diesem Essig in Ihre nächste Produktion, das beschleunigt den Prozess.

HEILMITTEL AUS DER KÜCHE

Lindern oder heilen Sie kleine Wehwehchen, Krankheiten und Erkältungsbeschwerden mit Zutaten, die Sie in Ihren Küchenschränken finden. Lebensmittel als Heilmittel zu verwenden, geht bis in die Antike zurück. Von Hippokrates, dem Vater der Medizin, stammen die weisen Worte: „Unsere Nahrungsmittel sollen Heilmittel, unsere Heilmittel Nahrungsmittel sein" – das ist etwas, was wir heute gerne vergessen. Greifen Sie also lieber erst zu Salz oder Honig, bevor Sie eine als Allheilmittel gepriesene Tube öffnen.

SALZ

Baden Sie Ihre Füße bei Fußpilz so lange täglich in warmem Salzwasser, bis der Befall verschwunden ist.

TONIC WATER

Ein kleines Glas vor dem Zubettgehen kann wegen seines Gehalts an Chinin Krämpfe und das Restless-Legs-Syndrom lindern.

ZITRONEN

Diese Zitrusfrüchte sind ein natürliches Desinfektionsmittel. Bleichen Sie damit Sommersprossen und Altersflecken, besonders die auf den Händen. Reiben Sie einfach eine Zitronenhälfte darüber und lassen Sie den Saft trocknen.

HONIG

Hilft wegen seiner antibakteriellen Eigenschaften hervorragend bei Schnitten und Wunden und dient dazu als natürlicher Verband.

OLIVENÖL

Wenden Sie es bei trockener, rauer Haut an. Bei leichten Ohrenschmerzen weichen Sie einen Ohrstöpsel darin ein und führen ihn vorsichtig in den Gehörgang ein.

HAFERFLOCKEN

Bei trockener oder gereizter Haut ins Badewasser geben.

CAYENNEPFEFFER

Mit etwas Öl zu einer Paste verrühren. Bei Frostbeulen oder Muskelschmerzen auf die schmerzenden Stellen geben und mit einem trockenen Tuch einwickeln.

ZWIEBELN

1 TL Zwiebelsaft und 1 TL Honig mischen. Dreimal täglich eingenommen kann die Mischung Erkältungen abwehren.

APFELESSIG

Als entzündungshemmendes Mittel auf Blutergüsse auftragen. 2 TL in heißem Wasser können bei Erkältungen helfen.

NATRON

1 TL in einem Glas Wasser kann Sodbrennen lindern.

INGWER

Ingwer beruhigt einen rebellischen Magen und wirkt gut gegen Übelkeit, auch Reise- oder morgendliche Übelkeit. Verrühren Sie in dünne Scheiben geschnittenen Ingwer in heißem Wasser.

WOHLTÄTER KNOBLAUCH

Knoblauch ist so viel mehr als eine würzende Zutat, denn er hat einen großen gesundheitlichen Nutzen und tut auch im und ums Haus Gutes. Er stärkt das Immunsystem, hat eine große Schlagkraft gegen Bakterien, Pilze, Viren und Schimmel und gilt, täglich genossen, als wirksamer Schutz gegen Erkältungen. Wegen seines eindringlichen Aromas wird er nicht von jedem geschätzt, aber da seine wohltätige Wirkung den Geruch bei Weitem übersteigt, sollten Sie ihm eine Chance geben.

NUTZEN SIE KNOBLAUCH IM GARTEN ALS PESTIZIDSPRAY. Pressen Sie 3–4 Zehen in eine Tasse heißes Wasser und lassen Sie diese Mischung ein, zwei Tage ziehen. Dann mit 1 TL Spülmittel in eine Sprühflasche geben und auf die befallenen Pflanzen sprühen. Besonders gut gegen Blattläuse und weiße Fliegen.

GEGEN FUSSPILZ pressen Sie 2–3 Zehen in eine Schüssel warmes Wasser, geben Sie 1 EL Essig dazu und baden Sie Ihre Füße 20 Minuten darin.

SIE GEHEN ANGELN? Dann nutzen Sie Knoblauch als Köder. Umhüllen Sie Ihre normalen Köder mit Knoblauchpulver und Fische gehen Ihnen schnurstracks an den Haken.

REIBEN SIE MIT EINER KNOBLAUCHZEHE ÜBER HERPESBLÄSCHEN, das beschleunigt das Abheilen.

HALTEN SIE MÜCKEN UND ANDERE INSEKTEN FERN, indem Sie Ihre Haut mit Knoblauchöl einreiben … aber verlassen Sie den Garten an diesem Tag lieber nicht und empfangen Sie keinen Besuch.

REPARIEREN SIE OBERFLÄCHLICHE KRATZER AUF GLAS, indem Sie den klebrigen Saft darüberreiben und Rückstände wegwischen. Die Adhäsionskräfte von Knoblauch können die beschädigten Stellen stabilisieren.

GEBEN SIE EINE GEHACKTE KNOBLAUCHZEHE in Ihr übliches Reinigungsspray, damit erhalten Sie ein wirksames Infektionsmittel. Besonders gut nach einer Krankheitswelle im Haus, um Keime und Bakterien zu bannen.

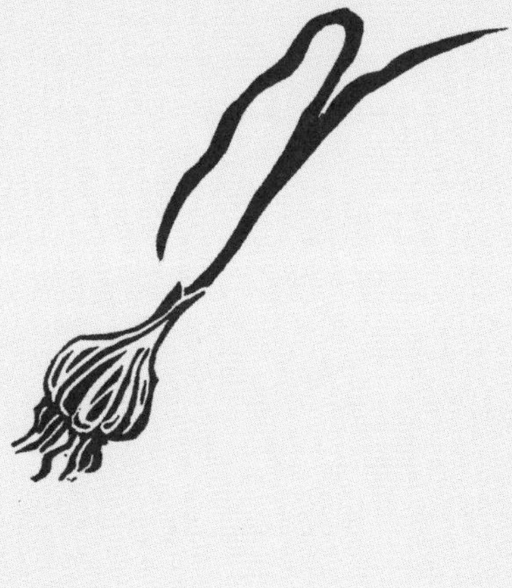

KRÄUTERHONIG

Honig ist an sich schon lecker und gut für Ihr gesundheitliches Wohlbefinden. Kommen verschiedene Kräuter und Gewürze hinein, kann das die medizinische Wirkung dieser Pflanzen noch verstärken, ob innerlich und äußerlich angewandt. Beispielsweise ist Honig mit Lavendelzusatz einfach köstlich auf Eiscreme, aber er kann auch kleine Verbrennungen lindern. Mit Rosenblüten wird er zu einer hervorragenden 5-Minuten-Gesichtsmaske. Mit Thymian und Rosmarin hilft er gegen Halsschmerzen, während er zusammen mit Kamillentee und etwas Zitronensaft eine wunderbare Einschlafhilfe ist.

Kaufen Sie Honig aus lokaler Produktion, denn dieser ist meist unerhitzt und steckt voller guter Stoffe, von Bienen aus Ihrer unmittelbaren Umgebung gesammelt. Finden Sie keinen, dann wählen Sie Landhonig. Kräuter können Sie ganz einfach zu Hause ziehen. Wählen Sie biologisch angebaute Kräuter, sie haben die stärkere Heilwirkung.

SIE BRAUCHEN

verschiedene frische oder getrocknete Kräuter, pur oder gemischt – Rosmarin, Thymian, Borretsch, Lavendel, Rosenblüten, Kamille, Minze, Salbei, essbare Blüten etc.
Glasgefäß
unerhitzter Honig – idealerweise vom lokalen Imker

---

1. Kräuter, Gewürze oder Blüten nach Wahl locker in das Glas füllen, sodass der Honig sich gut im Glas verteilen kann.

2. Das Honigglas in eine Schüssel mit warmem Wasser stellen und so lange stehen lassen, bis der Honig flüssig und leicht zu gießen ist.

3. Den Honig auf die Kräuter im Glas gießen. Gründlich umrühren, dabei durch Herunterdrücken der festen Bestandteile verdichten. Das gefüllte Glas an einem warmen Ort mindestens 14 Tage stehen lassen, alle 2–3 Tage schütteln. Wenn Sie die Kräuter vor Gebrauch abgießen möchten, lassen Sie sie mindestens drei Wochen ziehen.

Keep well
Syrup
1 tsp daily
rosehip
syrup

LÖWENZAHNSIRUP

Für die meisten ist diese leuchtend gelb blühende Pflanze ein lästiges Unkraut, das schon im frühen Frühjahr in den Blumenbeeten sprießt, doch für Imker ist sie auch ein erfreulicher Anblick, denn nun beginnen Pollen und Nektar zu fließen. Sie können aber auch die Vorboten für eine wahre Plage sein. Dieses uralte Rezept ist als Maihonig bekannt und eine hervorragende vegane Honigalternative. Verwenden Sie den Sirup bei Halsschmerzen oder trockenem Husten. Geben Sie einfach einen Löffel voll mit einem Spritzer Zitronensaft in einen Becher und füllen Sie ihn mit heißem Wasser auf.

SIE BRAUCHEN

650 ml Quellwasser
abgeriebene Schale und Saft von 1 Bio-Zitrone
250 g frische Löwenzahnblüten
1,5 kg Kristallzucker
sterilisierte Glasflaschen oder Gläser

---

1. Wasser, Zitronensaft und abgeriebene Schale sowie die Löwenzahnblüten in einen Topf geben. Zum Kochen bringen, dann die Hitze reduzieren. 30 Minuten leise köcheln lassen, dann von der Platte ziehen und über Nacht abkühlen lassen. Dadurch kann das Aroma der Blüten gut auf das Wasser übergehen.

2. Die Flüssigkeit durch ein feines Sieb oder ein mit einem Tuch ausgelegten Durchschlag gießen, wieder in den Topf geben.

3. Den Zucker einrühren und 15–20 Minuten köcheln lassen, bis der Zucker aufgelöst und die Flüssigkeit leicht angedickt ist. In sterilisierte Flaschen oder Gläser füllen, abkühlen lassen und im Kühlschrank aufbewahren. Innerhalb eines Monats verbrauchen … wenn er wirklich so lange hält.

INGWERWICKEL

Die verstopfte Nase ist häufig das unangenehmste Symptom von Grippe, Erkältungen oder Heuschnupfen. In diesem Fall können selbst gemachte natürliche Arzneien sehr wirksam sein. Mit seiner entzündungshemmenden Wirkung und weil er nahezu ein Allheilmittel ist, ist Ingwer eine sehr gute Wahl für diesen Wickel.

SIE BRAUCHEN

3 EL frisch geriebener Ingwer
1 Tasse Wasser
1 großes Stück Mull oder Musselin

---

1. Den geriebenen Ingwer mit dem Wasser in einen Topf geben und die Mischung erwärmen. Die Flüssigkeit in eine Schüssel füllen und den Stoffstreifen darin einweichen.

2. Wenn die Flüssigkeit leicht abgekühlt ist, das Tuch auswringen und so lange über Nase und Stirn legen, bis das Tuch kalt ist. So lange wiederholen, bis die Symptome abklingen.

BORRETSCH-HONIG-TEE ZUR REKONVALESZENZ

Borretsch ist ein wunderbares Kraut, das in jedem Garten gut gedeiht. Seine blauen, sternförmigen Blüten werden von Bienen geliebt, und er hat vielfältige medizinische Eigenschaften. Als Tee genossen kann er zur Genesung nach einer Krankheit beitragen, er kann die Stimmung heben und Körper und Geist ins Gleichgewicht bringen. Diese Mischung ist besonders für kränkliche Kinder geeignet, um nach einer Krankheit wieder zu Kräften zu kommen.

SIE BRAUCHEN

10 g getrocknete Borretschblüten und -blätter
500 ml Wasser
1 TL Honig pro Tasse

---

1. Blüten und Blätter in eine Schüssel geben.
2. Wasser aufkochen und 5 Minuten abkühlen lassen. Dann über den Borretsch gießen und 30–40 Minuten ziehen lassen.
3. Die Flüssigkeit abgießen und mit Honig süßen. Alle paar Stunden eine Tasse trinken. Wenn Sie möchten, erhitzen Sie den Tee vor der Zugabe des Honigs.

SCHWEIGE UND LAUSCHE DEN BIENEN,
SIE SIND KLÜGER, ALS WIR DENKEN.

ZITRONEN-HONIG-LINDERUNGSMITTEL

Wenn der Herbst und damit die Saison von Husten, Schnupfen, Heiserkeit beginnt, ist es eine gute Idee, eine Flasche dieser einfachen Linderungsmedizin im Kühlschrank zu haben. Man muss lediglich drei einfache Zutaten kombinieren, um einen kratzigen Hals oder einen Reizhusten zu beruhigen oder allgemein ein wenig mehr Wohlbefinden zu verschaffen. Schon der Honig enthält eine Menge erstaunlicher Dinge, die ihn zu einem großartigen Gegner von Bakterien und Viren machen. Die Zitrone ist mit Vitamin C vollgepackt, nach dem Ihr Körper verlangt, wenn die winzigen Erreger eingedrungen sind. Glyzerin beruhigt einen wunden Hals. Die Mischung können Sie sechs Monate im Kühlschrank aufbewahren, sie reicht damit für die gesamte kühle Zeit des Jahres, in der wir schnell krank werden.

SIE BRAUCHEN

150-ml-Glasflasche – eine alte Arzneiflasche ist ideal
50 ml unerhitzter Honig – möglichst aus lokaler Produktion
50 ml lebensmittelgeeignetes Glyzerin
50 ml frisch gepresster Zitronensaft – durchgesiebt oder alle festen Bestandteile herausgefischt

---

1. Stellen Sie sicher, dass die Flasche wirklich sauber ist, indem Sie sie in kochendem Wasser sterilisieren oder im Ofen bei 150 °C 15 Minuten erhitzen.
2. Nacheinander Honig, Glyzerin und Zitronensaft in die noch warme Flasche geben und gründlich schütteln.
3. Die Flasche in den Kühlschrank stellen und nach Bedarf verwenden. Vor dem Ausgießen gut schütteln. Alle paar Stunden 1–2 TL nehmen, bis Sie sich besser fühlen. Oder in eine Tasse Wasser als Heilgetränk geben.

BLEIB-GESUND-SIRUP

Aus einer Mischung selbst gesammelter Heckenfrüchte wird ein exzellenter Sirup, der tagtäglich gegen winterliche Erkrankungen wappnet. Hagebutten, Holunderbeeren, Brombeeren, Vogelbeeren und Weißdornbeeren tragen alle ein wenig zu dieser Flasche wertvoller Inhaltsstoffe bei. Für eine wärmendes Getränk geben Sie noch Gewürze dazu: ein oder zwei Orangenschalen, ein bisschen Ingwer, Nelken oder Zimt. Das Ganze mit heißem Wasser aufgegossen wärmt Sie bis zu den Zehen durch.

SIE BRAUCHEN

500 g gemischte Heckenfrüchte
abgeriebene Schale von ½ Bio-Zitrone
500 ml kochendes Wasser
Seihtuch
Kristallzucker
Gewürze (optional) – 1 Zimtstange, 2 Pimentbeeren, 3–4 Gewürznelken

---

1. Früchte bzw. Beeren sorgfältig waschen, dabei Fremdkörper und kleine Insekten entfernen. Kurz in der Küchenmaschine mixen.
2. Die Früchte mit der Zitronenschale und den Gewürzen nach Geschmack in einen Topf geben, das kochende Wasser aufgießen. Mit dem Deckel schließen und wieder aufkochen, dann Hitze reduzieren und 10 Minuten köcheln lassen.
3. Von der Platte ziehen und die Mischung abkühlen lassen.
4. Durch das Seihtuch gießen und einige Stunden abtropfen lassen, bis genug Flüssigkeit ausgetreten ist.
5. Die Flüssigkeit abmessen und wieder in den Topf geben. Pro 500 ml Flüssigkeit 500 g Zucker einrühren. Erhitzen, bis der Zucker aufgelöst ist, dann in sterilisierte Flaschen füllen und verschließen. Innerhalb von drei Monaten verbrauchen. Offene Flaschen im Kühlschrank aufbewahren und Inhalt innerhalb einer Woche verbrauchen.

KÜMMELTEE FÜR DEN BAUCH

Kümmeltee wird schon seit Generationen gegen alle möglichen Beschwerden eingesetzt, von Bronchitis bis hin zu Koliken. Hauptsächlich ist er aber für seine beruhigende Wirkung auf den Magen-Darm-Trakt bekannt. Trinken Sie schlückchenweise heißen Kümmeltee, um einen rebellierenden Magen zu beruhigen, oder trinken Sie eine Tasse nach dem Essen, um Blähungen und Flatulenz zu mildern. Kümmelsamen sind Kraftpakete voller Mikronährstoffe, ein oder zwei Tassen täglich sind daher sehr gesundheitsfördernd. Hier finden Sie gleich zwei Methoden der Teezubereitung, darunter eine langsame Kaltbrühmethode für einen Tee, den Sie eine Woche im Kühlschrank aufbewahren können. Dieser ist für den täglichen Gebrauch ideal.

SIE BRAUCHEN

Kümmelsamen
kochendes Wasser
Gefäß (für das Brühen über Nacht)

EIN-TASSEN-METHODE

1. 1 EL Kümmelsamen in eine Tasse geben und mit kochendem Wasser auffüllen. Abdecken, damit es nicht abkühlt, und 15–20 Minuten ziehen lassen.
2. In eine andere Tasse abgießen und schlückchenweise trinken. Nach Geschmack mit Honig süßen.

BRÜHEN ÜBER NACHT

1. 4 EL Kümmelsamen in ein hitzefestes Gefäß geben und mit kochendem Wasser auffüllen. Das Glas mit dem Deckel schließen und abkühlen lassen. Dann über Nacht in den Kühlschrank stellen.
2. Den Samen abgießen und den Tee wieder in das Glas füllen. Bis zu einer Woche im Kühlschrank aufbewahren. Zur Verwendung mit heißem oder kaltem Wasser verdünnen. Nach Geschmack mit Honig süßen.

ZITRONENMELISSENSALBE

Fühlen Sie sich schlapp und spüren Sie, dass eine Erkältung im Anzug ist? Wehren Sie mit dieser wirkungsvollen Salbe den Anfängen, fördern Sie den Genesungsprozess und weisen Sie die unangenehmen Erkältungssymptome in ihre Schranken. Diese Salbe kann auch bei Windpocken oder Gürtelrose Erleichterung verschaffen sowie Hautirritationen mildern.

SIE BRAUCHEN

30 ml Mandelöl
1 EL Bienenwachs
1 EL Kakaobutter
10 Tropfen reines oder gemischtes ätherisches Melissenöl (siehe unten)
5 Tropfen Teebaumöl
5 Tropfen ätherisches Lavendelöl
2x 15-ml-Tiegel

---

1. Mandelöl, Bienenwachs und Kakaobutter in eine Schüssel geben und über einem Wasserbad unter Rühren schmelzen, bis alles gründlich vermischt ist. Leicht abkühlen lassen.

2. Die ätherischen Öle unter ständigem Rühren zugeben, dann in die Tiegel füllen und mit den Deckeln verschließen.

3. Im Kühlschrank fest werden lassen. Wenn sich erste Erkältungsanzeichen zeigen, die Salbe alle paar Stunden anwenden, bis die Erkältung vorbei ist. Fest verschlossen hält sich die Salbe mindestens ein Jahr.

GEMISCHTES MELISSENÖL

Reines Melissenöl ist selten, teuer und kann mit anderen billigeren Ölen von Zitronengras, Zitronenverbene oder Zitrone verschnitten sein. Eine gute Mischung hat eine ganz ähnliche Zusammensetzung wie das reine Öl, ist aber preisgünstiger. Wenn Sie unbedingt das reine Öl verwenden wollen, dann wählen Sie eines aus verlässlicher Produktion, das über die Herkunft und den Herstellungsprozess Auskunft gibt. Nur so können Sie sicher sein, dass das Öl sein Geld wert ist.

DUFT-BADEZUSÄTZE

Nichts ist erholsamer als ein heißes Bad, um all den Schmutz und Ärger eines anstrengenden Tages loszuwerden. Warum nicht auch ein paar natürliche Inhaltsstoffe dazugeben, die Schmerzen und Beschwerden lindern?

Probieren Sie entweder die unten stehenden Rezepte, oder stellen Sie sich Ihre eigene Kombination aus Ihren Lieblingskräutern und -blumen her. Mischen Sie erst alle trockenen Zutaten und füllen Sie sie dann in einen wiederverwendbaren Musselin-Teebeutel.

Geben Sie den Beutel in das heiße Badewasser und lassen Sie den Inhalt ein oder zwei Minuten ziehen, bevor Sie ins Bad steigen und alle Widrigkeiten des Tages abstreifen.

HILFT BEI SCHMERZEN

2 EL getrocknete Lavendelblüten
2 EL getrockneter Rosmarin
2 EL Kamillenblüten
2 EL Bittersalz

ENTSPANNT UND BERUHIGT

2 EL getrocknete Rosenblüten
2 EL getrocknete Kamillenblüten
2 EL getrocknete Lavendelblüten
2 EL Hafermehl

BELEBT UND ERFRISCHT

2 EL getrocknete Minzeblätter
2 EL getrocknetes Basilikum
2 EL getrocknete Orangenschale
2 EL getrockneter Rosmarin

MACHT DEN KOPF KLAR

2 EL getrocknete Ringelblumenblüten
2 EL Zitronenmelisse
2 EL getrocknete Lavendelblüten
2 EL Hafermehl

FINDE FRIEDEN
IM GEWÖHNLICHEN.

BUTTERMILCHWICKEL GEGEN SONNENBRAND

Das Beste ist es natürlich, sich nicht zu lange in der Sonne aufzuhalten. Viele Lotions und Mittelchen helfen dabei, sich vor den auf Dauer schädlichen Strahlen zu schützen, leider stecken sie aber voller Chemie. Wenn es nun aber passiert ist und Sie unter einem Sonnenbrand leiden, vermeiden Sie noch mehr Chemie in Form von After-Sun-Präparaten und lindern Sie Schmerzen stattdessen mit einem Buttermilchwickel, der auch die Heilung der verbrannten Haut beschleunigt. Lavendelöl ist ebenfalls bekannt für seine heilende Wirkung bei Verbrennungen und mindert die Schmerzen zusammen mit dem kühlenden Effekt der Buttermilch.

SIE BRAUCHEN

200 ml Buttermilch oder Joghurt mit lebenden Kulturen
einige Tropfen ätherisches Lavendelöl
1 Stück Musselin

---

1. Buttermilch oder Joghurt oder eine Mischung von beiden in eine große Schüssel geben und 3–5 Tropfen Lavendelöl hinzufügen. Alles gut miteinander vermischen.

2. Das Stück Stoff in eine handliche Größe falten, dann mit der Buttermilchmischung tränken. Auf die verbrannten Stellen legen und 10–15 Minuten einwirken lassen, bis der Wickel warm geworden ist. Nach Bedarf wiederholen, dann die Haut mit kaltem Wasser abwaschen. Sie können die Behandlung alle paar Stunden wiederholen, bis sich die Rötung beruhigt hat und die Haut zu heilen beginnt.

Schönheit aus der Natur

NATÜRLICHE SCHÖNHEITSMITTEL SIND DIE KÖNIGSDISZIPLIN BEIM SELBERMACHEN, ABER GERADE DIESE ANWENDUNGEN WERDEN HÄUFIG ÜBERSEHEN. ZUSATZSTOFFFREIE CREMES UND ELIXIERE KÖNNEN NUR FÖRDERLICH FÜR IHRE GESUNDHEIT UND IHR WOHLERGEHEN SEIN, UND JE MEHR SIE DIE GANZEN STOFFE REDUZIEREN, DIE ÜBER IHRE HAUT AUFGENOMMEN WERDEN, UMSO LEICHTER WIRD ES, EIN STRAHLENDES AUSSEHEN ZU ERLANGEN. STELLEN SIE IHRE EIGENEN REINIGUNGSLOTIONEN UND GESICHTSWÄSSER HER, BEKÄMPFEN SIE PICKELCHEN UND PFLEGEN SIE IHR HAAR MIT EIN ODER ZWEI EIERN, WÄHREND SIE UNTER EINER VERJÜNGENDEN GESICHTSMASKE AUS SONNENBLUMENKERNEN RELAXEN. SCHALTEN SIE EIN PAAR GÄNGE HERUNTER UND LASSEN SIE ES SICH GUTGEHEN.

MANDEL-ROSENWASSER-REINIGUNGSCREME

Die sanfte Mischung aus Mandeln und Rosenwasser in der Reinigungscreme ist eine wunderbare Bereicherung der täglichen Hautpflege. Die Creme entfernt Schmutz und Verunreinigungen effektiv und macht die Haut dabei zart. Verwenden Sie im Anschluss das Lavendel-Apfelessig-Gesichtswasser (siehe Seite 129), und Ihr Teint wird Ihnen für diese natürliche Behandlung mit einem strahlenden Aussehen danken.

SIE BRAUCHEN

60 ml Mandelöl
1 EL Bienenwachs
2x 100 IE Vitamin-E-Kapseln
60 ml Rosenwasser
1 gehäufter EL gemahlene Mandeln
Glasgefäß

---

1. Mandelöl und Bienenwachs im Wasserbad erwärmen, bis das Wachs geschmolzen ist.

2. Von der Hitzequelle nehmen und das Öl aus den Vitaminkapseln zugeben. Unter sanftem Rühren auch das Rosenwasser einrühren und so lange rühren, bis es vollständig eingearbeitet und die Mischung zu einer weißen Lotion geworden ist.

3. Die gemahlenen Mandeln einrühren, dann die Mischung in ein Gefäß geben. Im Kühlschrank kühlstellen. Täglich zur Reinigung vom Schmutz des Tages verwenden. Eine kleine Menge mit den Fingern ins Gesicht einmassieren, dann mit einem Wattebausch entfernen. Mit einem passenden Gesichtswasser das zurückgebliebene Öl entfernen. Im Kühlschrank aufbewahren und innerhalb einer Woche verbrauchen.

DAS WUNDER DES LAVENDELS

Lavendel gehört zu den am meisten geschätzten Kräutern. Schon seine süß duftenden Blätter und die tiefviolette Färbung können die Stimmung heben. Seine Verwendung reicht von Haarspülungen, Hautpflege, Wäschebeduftung und Ungezieferbekämpfung bis zur leichten Aromatisierung von köstlichen Keksen oder dem Lieblingsdrink. Als erste Hilfe bei Verbrennungen, Stichen und Bissen hat Lavendel Platz eins auf dem Treppchen verdient.

EIN PAAR TROPFEN Lavendelöl auf Verbrennungen getupft beschleunigen die Heilung.

ZERDRÜCKEN SIE EIN PAAR BLÜTEN und reiben Sie die Haut damit ein, das hält lästige Mücken fern.

LAVENDELÖL IN DIE SCHLÄFEN EINMASSIERT kann Spannungskopfschmerz lindern.

EIN TROPFEN AUF DAS KOPFKISSEN GETROPFT hilft Kindern, sanft zu schlummern.

GEBEN SIE 1 TL LAVENDELBLÜTEN in selbst gemachte Limonade und servieren Sie sie auf Eis als erfrischendes Sommergetränk.

ALS HAARSPÜLUNG Haarspülung verwendet kann Lavendel entzündete Kopfhaut beruhigen, die Fettproduktion ins Gleichgewicht bringen und Haarausfall vorbeugen.

FÜR EINEN FRISCHEN DUFT 1 EL LAVENDELBLÜTEN mit einer Tasse Natron mischen, die Mischung auf den Teppich streuen, 30 Minuten (oder besser über Nacht) einwirken lassen und absaugen.

LEGEN SIE LAVENDELSTRÄUSSCHEN in Schränke, um Motten und Silberfischchen zu vertreiben.

GEBEN SIE 1 TL LAVENDELBLÜTEN in ein Marmeladenglas mit Streuzucker und lassen Sie ihn einige Wochen im Dunkeln stehen. Dann verwenden Sie ihn zum Bestreuen von Kuchen, Keksen oder Ihres Frühstücksbreis, das schmeckt wunderbar blumig.

AROMATISIEREN SIE HONIG mit Lavendelblüten, siehe Seite 98.

AKNE-GESICHTSWASSER

Pickel und Flecken kommen immer genau dann, wenn man sie am allerwenigsten gebrauchen kann. Stress, hormonelle Schwankungen und die Belastungen des Alltags können bei manchen Menschen dazu führen, dass sie im Laufe ihres Lebens immer wieder davon beeinträchtigt werden. Sie sind keineswegs nur eine Erscheinung aus Teenagerzeiten! Wenn mal wieder ein Schub kommt, dann rühren Sie sich eine kleine Menge dieses Gesichtswassers an und tupfen Sie es auf die betroffenen Stellen. Es unterstützt den Heilungsprozess und verleiht Ihrer Haut wieder das gewohnt rosige Aussehen.

SIE BRAUCHEN

40 ml frisch gebrühter grüner Tee
1 TL geriebener Ingwer
20 ml Apfelessig
15 ml Glyzerin

---

1. Eine Tasse grünen Tees kochen und 40 ml in einer kleinen Schüssel abmessen. Den geriebenen Ingwer zugeben. Ziehen lassen, bis der Tee abgekühlt ist.

2. Die Flüssigkeit in eine kleine Flasche abfüllen, Essig und Glyzerin zugeben, gründlich schütteln, bis alles gut vermischt ist. Mit einem Wattebausch oder Ähnlichem alle paar Stunden auf die betroffenen Stellen tupfen. Die Mischung hält sich an einem kühlen, dunklen Ort 1–2 Wochen. Bei Bedarf eine neue Portion herstellen.

HONIGSEIFE

Es hat schon etwas sehr Bereicherndes, Seife selbst herzustellen, besonders, wenn man das Seifenstück dann zwischen den Händen reibt und herrliche dicke, weiße Seifenblasen über die Haut wandern. Mit diesem Rezept erhalten Sie eine sanfte Allzweckseife, der ein wenig Honig eine besondere Note verleiht.

SIE BRAUCHEN

1 EL Honig
400 ml Wasser
160 g Natriumhydroxid (Ätznatron)
200 g Kokosöl
950 g Olivenöl
Seifenformen

---

1. Den Honig in etwas heißem Wasser auflösen.

2. Die Lauge herstellen. Dafür einen Glaskrug mit dem abgemessenen Wasser füllen und die Natronlauge vorsichtig mit einem Holzlöffel einrühren, bis sie aufgelöst ist. Beiseitestellen.

3. Das Öl zusammen in einen großen rostfreien Topf geben und leicht erhitzen. Von der Platte ziehen, wenn es geschmolzen ist.

4. Wenn die Temperatur des Öls und der Lauge zwischen 37 °C und 50 °C liegt, damit beginnen, das Öl mit dem Holzlöffel umzurühren. Die Laugenlösung unter ständigem Rühren einfließen lassen, dabei aufpassen, dass es nicht spritzt.

5. So lange rühren, bis die Mischung dickflüssig wird und beim Rühren deutliche Spuren hinterlässt.

6. Honig und Wasser einrühren.

7. Die Seifenmasse in die Formen füllen und 24 Stunden fest werden lassen.

8. Die Seife aus dem Formen lösen und wenn nötig in Stücke schneiden. Dann noch sechs Wochen liegen lassen, bis der Verseifungsprozess abgeschlossen ist.

HINWEIS ZU FORMEN

Dafür können Sie alles Mögliche verwenden, darunter Silikon-Backformen, saubere Milchkartons, Plastikbecher … die Liste lässt sich beliebig fortsetzen. Aber denken Sie daran, dass die Seife wieder herausgelöst werden muss, die Form sollte das ermöglichen.

SONNIGE SONNENBLUMENKERNMASKE

In dieser Sonnenblumenkernmaske stecken alle möglichen hautschützenden Antioxidantien. Sonnenblumenkerne besitzen viel Vitamin A, D und E und andere nützliche natürliche Substanzen, die die Haut zart machen, Falten glätten und Ihr Äußeres ein wenig strahlender erscheinen lassen können. Der Honig steuert mit seinen antibakteriellen, entzündungshemmenden und antiseptischen Eigenschaften seinen Teil dazu bei, das heißt, er hilft Ihnen bei der Abwehr von solch unwillkommenen Gästen wie Pickelchen und Pusteln. Und weil die Maske auch noch günstig und einfach herzustellen ist, ist die wöchentliche Anwendung für jeden schon fast unerlässlich.

SIE BRAUCHEN

½ Tasse Sonnenblumenkerne, fein gemahlen (verwenden Sie dafür eine Küchenmaschine oder eine Kaffeemühle)
1 EL Honig
1 TL Mandelöl
1 EL warmes Wasser

---

1. Alle Zutaten zu einer Paste verrühren.
2. Auf das frisch gewaschene Gesicht auftragen und 20 Minuten einfach nur entspannen.
3. Mit einem feuchten Tuch abwischen und das Gesicht mit klarem Wasser waschen.

ATMEN SIE TIEF DURCH UND BEGINNEN SIE IRGENDWO.

FESTES BIENENWACHSPARFUM

Wenn Sie schon einmal daran gedacht haben, Parfum selbst zu machen, ist dieses Rezept der ideale Einstieg. Die Wurzeln für diese Selfmade-Alchemie liegen tief in der Kindheit: Wer von uns hat nicht irgendwelche kleinen Dinge aus dem Garten mitgebracht und in Marmeladengläsern mit dem Inneren von Filzstiften gefärbt, um darauf zu hoffen, dass sich der entstandene Matsch in etwas wunderbar Duftendes verwandeln möge? Verwenden Sie eine alte Pillen- oder eine mehr oder weniger kleine Metalldose, und verschenken Sie die liebevoll selbst gemachten Düfte.

SIE BRAUCHEN

kleines Behältnis mit Deckel
1 TL duftfreies Bienenwachs
4 TL Jojoba- oder süßes Mandelöl
kleines Marmeladenglas
Holzstäbchen
40 Tropfen ätherische Ölmischung

---

1. Ein kleines Behältnis mit Deckel säubern.

2. Bienenwachs und Öl in das kleine Marmeladenglas geben und in einen Topf stellen.

3. Den Topf mit so viel Wasser füllen, dass es etwas höher steht als die Flüssigkeit im Glas. Vorsichtig erhitzen, dabei mit dem Holzstäbchen rühren.

4. Wenn das Bienenwachs komplett geschmolzen ist, das Glas aus dem Topf nehmen und die Mischung weiterrühren, bis sie abkühlt und fest wird.

5. Die Ölmischung unter ständigem Rühren rasch zugeben.

6. Die Masse in das Behältnis füllen, Deckel schließen und abkühlen lassen. 1–2 Wochen an einem kühlen, dunklen Ort stehen lassen, damit sich die Düfte entwickeln können. Innerhalb von sechs Monaten verbrauchen.

ÖLMISCHUNGEN ZUM AUSPROBIEREN

Die Öle in einer kleinen dunklen Glasflasche mischen und an einem dunklen Ort aufbewahren.

KLEINE FREUDENSPRÜNGE

20 Tropfen Weihrauch und 20 Tropfen Grapefruit.

HERZENSWÄRMENDE UMARMUNG

20 Tropfen Geranie, 10 Tropfen Lavendel und 5 Tropfen schwarzer Pfeffer.

PUTZMUNTERMACHER

10 Tropfen Orange, 10 Tropfen Zitrone, 10 Tropfen Palmarosa und 10 Tropfen Zedernholz.

AUFGEBRÜHTE ÄTHERISCHE ÖLE

Sie sind zwar nicht so stark wie destillierte ätherische Öle, dafür aber die günstigere Alternative, die für ganz verschiedene Anwendungen geeignet ist. Diese aufgebrühten Öle können auf Schnitte und Blutergüsse getupft und prima beim Hausputz eingesetzt werden, um Krabbeltierchen fernzuhalten. Die Öle halten sich ungeöffnet bei dunkler und kühler Lagerung etwa einen Monat. Experimentieren Sie ruhig mit Ölen aus Kräutern und Gewürzen aus Ihrem Haushalt und bedenken Sie, dass manche Düfte schneller verfliegen als andere. Der hohe Preis von Rosen-, Jasmin- und Melissenöl hat seine Gründe.

SIE BRAUCHEN

Kräuter oder Gewürze (siehe unten)
200 ml Traubenkernöl
2 Glasbehälter mit Deckel

---

1. Kräuter oder Gewürze in einen großen Glasbehälter mit fest schließendem Deckel geben und mit dem Traubenkernöl bedecken.
2. Das Glas in einen mit Wasser gefüllten Topf stellen und vorsichtig auf 65 °C erhitzen. Es ist wichtig, dass exakt diese Temperatur erreicht wird, denn erst dann werden die Duftmoleküle aufgeschlossen und in das Öl abgegeben. Die Temperatur etwa 5 Minuten halten, dann den Topf von der Platte ziehen und abkühlen lassen.
3. Den Deckel entfernen und das Öl in eine dunkles Glasgefäß abgießen. In diesem Glas aufbewahren und nach Bedarf verwenden.

GEEIGNETE KRÄUTER UND GEWÜRZE

Probieren Sie ruhig mit Ihren Lieblingskräutern und -gewürzen herum, oder mit denen, die in Ihrem Garten wachsen. Mit diesen Kombinationen machen Sie nichts falsch:

FÜR ZITRONENÖL verwenden Sie die abgeriebene Schale von 5 Bio-Zitronen.

FÜR NELKENÖL nehmen Sie 2 EL ganze Gewürznelken (sehr gut gegen Spinnen).

FÜR ROSMARIN-THYMIAN-LAVENDEL-ÖL verwenden Sie so viele Blätter und Stiele, bis das Glas halb gefüllt ist.

LAVENDEL-APFELESSIG-GESICHTSWASSER

Als hervorragendes Gesichtswasser ist diese Mischung aus Lavendel und Apfelessig eine gute Ergänzung Ihres Pflegeprogramms. Beide Inhaltsstoffe sind für ihre antiseptische und antibakterielle Wirkung bekannt, weshalb sie besonders für Problemzonen ideal sind. Apfelessig (siehe Seite 94) stellt den natürlichen pH-Wert der Haut wieder her, macht sie ganz zart und verleiht ihr einen rosigen Schimmer.

SIE BRAUCHEN

50 ml Apfelessig
100 ml Lavendel-Hydrolat
kleine Flasche

Beide Zutaten in eine kleine Flasche füllen und gründlich schütteln. Morgens und abends als Teil der täglichen Hautpflege verwenden. Wenn Ihnen der Essiggeruch zu durchdringend ist, mit etwas mehr Hydrolat vermengen.

PFLANZENHYDROLATE SELBST MACHEN

Mit einer ausgedienten italienischen Espressomaschine können Sie Ihr eigenes Pflanzenhydrolat herstellen. Geben Sie die Pflanzen in den unteren Teil der Espressomaschine und bedecken Sie sie mit Wasser. Entfernen Sie den Filter, in den sonst der gemahlene Kaffee kommt, und schrauben Sie den oberen Teil darauf. Auf der Herdplatte langsam erwärmen, bis das Hydrolat nach oben gestiegen ist. Dann in ein hitzefestes Gefäß füllen und sofort verschließen. Wenn es abgekühlt ist, im Kühlschrank aufbewahren und nach Bedarf verwenden. Nicht verwendetes Hydrolat nach einem Monat entsorgen und eine neue Portion ansetzen. Es ist ratsam, die Espressomaschine danach nicht mehr für Kaffee zu verwenden.

UMGANG MIT ÄTHERISCHEN ÖLEN

Eine kleine Warnung … Obwohl Unverträglichkeitsreaktionen auf natürliche Inhaltsstoffe selten vorkommen, gibt es sie doch. Seien Sie also bei jedem neuen Produkt vorsichtig und probieren Sie es erst einmal an einem kleinen Stück Haut an verborgener Stelle aus, bevor Sie sich von oben bis unten mit Ihrer neuen Mischung behandeln. Beachten Sie einfach alle unten stehenden Hinweise, um auf Nummer sicher zu gehen. Wenn Sie eine Reaktion an sich feststellen, dann meiden Sie die Substanz zukünftig.

VERDÜNNEN SIE ÄTHERISCHE ÖLE stets, benutzen Sie sie niemals pur.

PROBIEREN SIE NATÜRLICHE BEAUTYPRODUKTE immer erst an einer verborgenen Stelle aus und warten Sie 24–48 Stunden ab, ob eine Reaktion erfolgt.

BEWAHREN SIE ÄTHERISCHE ÖLE sorgsam, kühl und dunkel auf. Schrauben Sie die Verschlüsse gut zu, damit nichts verdunstet.

WENN ETWAS SELTSAM RIECHT, werfen Sie es weg und rühren Sie eine neue Portion an.

GLÄSER UND FLASCHEN vor Gebrauch immer sterilisieren.

KAUFEN SIE ÖLE UND ANDERE KOSMETIK-GRUNDSTOFFE nur bei vertrauenswürdigen Händlern, damit Sie sicher sein können, reine Produkte zu bekommen.

GEDULDIG WARTEN UND LOSLASSEN – ES GEHT DARUM, TÄGLICH AUFS NEUE BALANCE ZU FINDEN.

BRENNNESSEL-KAMILLEN-HAARSPÜLUNG

Gesundes, glänzendes Haar ist eine feine Sache, etwas, was wir uns alle tagtäglich wünschen. Aber juckende Kopfhaut und lästige Schuppen können in den Wahnsinn treiben, und die meisten Präparate gehen eher rüde mit dem Haar um, dann sieht es einfach nur leblos aus. In diesem Rezept wirkt Brennnessel gegen die lästigen Schuppen, die Kamille beruhigt die Haut und bringt Glanz ins Haar.

SIE BRAUCHEN

1 EL getrocknete Brennnesseln
1 EL getrocknete Kamillenblüten
100 ml kochendes Wasser
1 EL Apfelessig

---

1. Brennnesseln und Kamille in eine Schüssel geben und das kochende Wasser darübergießen. So lange ziehen lassen, bis die Flüssigkeit abgekühlt ist, dann abgießen.

2. Die Flüssigkeit in ein Glas oder eine Flasche füllen, den Essig zugeben und gründlich schütteln. Nach dem Waschen in das Haar einmassieren und 5 Minuten einwirken lassen, dann ausspülen.

KRÄUTER-HAARSPÜLUNGEN

Verwenden Sie natürliche Kräuteraufgüsse, um die Kopfhaut zu nähren und gesund zu erhalten, für seidiges, locker fallendes Haar, federnde Locken und bei sensibler Kopfhaut und Schuppen. Die Zubereitung ist einfach: Zwei Tassen Kräuter in eine Schüssel geben, mit Wasser aufgießen, 30 Minuten ziehen und abkühlen lassen. Verwenden Sie die Spülung nach der Haarwäsche und trocknen Sie das Haar wie gewohnt.

BRENNNESSELN – können Haarausfall vorbeugen, stimulieren die Kopfhaut und bringen einen schönen Glanz ins Haar. Kann auch bei Schuppen und Haarspliss verwendet werden, ein echter Alleskönner.

HAGEBUTTEN – mit ihrem hohen Vitamin-C-Gehalt kräftigen sie das Haar und verleihen ihm Glanz. Können dünnem Haar durch Förderung des Haarwachstums entgegenwirken.

INGWER – belebt die Kopfhaut, stimuliert die Haarfollikel und fördert das Haarwachstum.

LÖWENZAHNBLÜTEN – helfen bei Schuppen und trockenem Haar und verleihen Glanz.

ROSMARIN – kann schlappem, leblosem Haar Spannkraft verleihen, da seine Mineralstoffe und Proteine die Haarwurzeln nähren.

RINGELBLUMENBLÜTEN – beruhigen sensible Kopfhaut, schützen vor Bakterien und zaubern einen warmen Schimmer ins Haar.

SCHAFGARBE – hervorragend gegen juckende Kopfhaut, entfettet und beruhigt. Die regelmäßige Anwendung kann das Haar aufhellen.

SCHWARZER TEE – kann Haarausfall vorbeugen und graues Haar dunkler machen.

ZITRONENMELISSE – sehr gut bei fettigem Haar. Als mildes Adstringens belebt es die Kopfhaut und bringt die Fettproduktion ins Gleichgewicht.

EIER-HAARKUR

Viele Menschen leiden von Zeit zu Zeit unter trockenem Haar. Sonne, Meerwasser, ein Tag im Garten oder aggressive chemische Haarbleiche und Stylingprodukte können ihren Tribut fordern, indem sie das Haar in einen trockenen, strohigen Mopp verwandeln, der für Verzweiflung sorgt. Herkömmliche Haarkuren können natürlich Abhilfe schaffen – aber warum viel Geld ausgeben, anstatt es einmal mit diesem uralten Mittel zu versuchen, das aus ein paar Küchenzutaten besteht, und dann zu erleben, wie das Haar seinen herrlich seidigen Schimmer wiedererlangt?

SIE BRAUCHEN

1 Eigelb
1 EL geschmolzenes Kokosöl
1 EL Olivenöl

---

1. Das Eigelb vorsichtig vom Eiweiß trennen und in eine kleine Schüssel geben.
2. Das Kokosöl mit dem Olivenöl sanft erwärmen und unter Rühren in das Eigelb träufeln.
3. Die Mischung auf das Haar geben und einmassieren. Die Masse wird beim Abkühlen des Kokosöls etwas fester.
4. Haar in ein Handtuch einwickeln und 30 Minuten einwirken lassen.
5. Mit Shampoo auswaschen und gründlich ausspülen. Wie gewohnt stylen und trocknen, dabei die schimmernde Haarpracht bewundern.

LEDERNER NAGELPOLIERER

Wagen Sie es mal ohne – weg mit den ganzen Nagellacken, die die reinste Chemie sind. Belassen Sie Ihre Nägel ganz natürlich. Das regelmäßige Polieren lässt Ihre Nägel gesund aussehen und bewahrt ihren natürlichen Glanz. Die Durchblutung der Fingerspitzen wird gefördert, das regt das Nagelwachstum an und verleiht Ihren Nägeln perlmuttfarbenen Glanz. Herkömmliche Nagelpolierer sollten Sie nur selten verwenden, denn sie können die Nageloberfläche schwächen. Warum also nicht einen selbst machen, den man täglich verwenden kann?

SIE BRAUCHEN

1 kleines Stück Fensterleder
Füllung – Wolle ist gut geeignet, aber Füllwatte ist auch möglich
kräftiges Garn

(überall 1 cm Nahtzugabe einplanen)

1. Ein 12 cm x 10 cm großes Rechteck aus dem Leder zuschneiden. Von den längeren Seiten aus mittig zusammenlegen und an der langen Seite entlangnähen.

2. Den Saum nach innen wenden und auf einer Seite mit dem Garn zubinden.

3. Mit der Füllung füllen, dabei fest hineindrücken, sodass der Polierer stramm gefüllt ist.

4. Ein paar Zentimeter zum Rand hin frei lassen und mit dem Garn fest zubinden. Auf beiden Seiten Überstände abschneiden. Nägel polieren, bis sie glänzen.

BIENENWACHS-NAGELPFLEGE

Weil unsere Hände ständig in Gebrauch sind, werden sie schnell trocken und spröde, besonders in der kalten Jahreszeit. Vor allem im Winter neigen die Nägel zum Splittern und die Nagelhäute zum Einreißen, was die Finger wund werden lässt. Schon ein wenig dieser süß duftenden Nagelpflegecreme, immer beim Polieren auf Nägel und Nagelhäute aufgetragen, nährt und stärkt sie.

SIE BRAUCHEN

15 ml Mandelöl
½ EL Bienenwachs
15-ml-Glasgefäß
6 Tropfen ätherisches Zitronenöl

---

1. Mandelöl und Bienenwachs in das Glasgefäß geben und in die Mikrowelle stellen. So lange jeweils 5 Sekunden erhitzen, bis das Bienenwachs geschmolzen ist. Leicht abkühlen lassen. Oder den Deckel auf das Glas schrauben und in eine flache Schale mit kochendem Wasser stellen, bis das Wachs geschmolzen ist. Eventuell müssen Sie zwischendurch das Wasser gegen heißes auswechseln.

2. Das ätherische Öl zugeben, gut verrühren und mit dem Deckel sorgfältig verschließen. Das Glas in den Kühlschrank stellen und die Creme fest werden lassen. Vor dem Polieren jeden Nagel mit einer kleinen Menge einreiben.

COS LETTUCE
7940

Bezugsquellen und Informationen

Viele der Materialien und Zutaten, die für die Anleitungen in diesem Buch benötigt werden, lassen sich in örtlichen Haushaltswarenläden, Baumärkten, Bioläden oder im Supermarktregal finden. Sollten Sie Probleme haben, einige Sachen zu finden, lohnt es sich immer, Ihren lokalen Händler zu fragen, der Ihnen für Massenartikel wie Essig oder Speisesoda sicherlich ein gutes Angebot machen kann. Im Anschluss sind einige Onlinequellen aufgeführt, doch nutzen Sie sie nur als letzten Ausweg, helfen Sie ansonsten mit, lokale Händler am Leben zu erhalten.

WOHNUNG UND HAUSHALT

Bienenwachs, Glyzerin (Glycerin):
www.spinnrad.de

Natron:
auch Speisesoda oder Bikarbonat genannt, unter den Namen Kaiser-Natron oder Bullrich-Salz in jedem Super- oder Drogeriemarkt erhältlich

Ätznatron:
auch kaustisches Soda oder Natronlauge genannt, www.chemdiscount.de

Waschsoda:
auch Natriumkarbonat oder Soda genannt, www.chemdiscount.de

Biobaumwolle, ideal für Bienenwachs-Verpackung, Beutel und Einkaufstaschen:
http://www.meterwerk.de, www.stoffkontor.eu

Vorrats- und Einmachgläser, Flaschen:
www.glaeserundflaschen.de, www.flaschen.de, www.flaschenbauer.de

Nussmilchbeutel:
www.prohviant.de

Weidenruten:
www.re-natur.de

Füllmaterial aus Schafwolle:
die-wollfabrik.com

Lufttrocknender Ton:
rayher-hobby-shop.de

Energiesparen:
www.bund.net/service/oekotipps/strom_sparen, www.energiesparen-im-haushalt.de

NATÜRLICHE GESUNDHEIT UND SCHÖNHEIT

Ätherische Öle:
www.mooserde-versand.de, www.dragonspice.de

Heilpflanzen und Kräuter:
www.kraeuter-kuehne.de

Reinzuchthefe:
www.sanavit.de/257-Weinhefe

Kerzenwachs:
www.kerzenkiste.de, mixed-store.de/shop/

Register

IMPRESSUM
Für die deutsche Ausgabe:
Übersetzung: Bettina Snowdon, Britta John
Satz und Covergestaltung: Arnold & Domnick, Leipzig
Lektorat: Carola Köhler
Produktmanagement: Christine Rauch
Printed in Malaysia

Die englische Originalausgabe erschien 2015 unter dem Titel *Forgotten Ways for Modern Days* bei Kyle Cathie Limited, London.

1. Auflage 2016

ISBN: 978-3-7724-7418-7 • Best.-Nr. 7418

DANKSAGUNG

Seit vielen Jahren schon trage ich den Gedanken an dieses Buch in mir. Es ist ein Buch voller Notizen, Entwürfe, Versuche und Basteleien. Entstanden ist es mit der Hilfe so vieler wunderbarer und talentierter Leute, die das Chaos in meinem Kopf erkannten und mir dabei halfen, alles auf den Seiten zu ordnen und es auf die Welt zu bringen, sodass andere, die ebenfalls einen einfachen, unkomplizierten Lebensstil schätzen, daran teilhaben können.

Ein riesiger Dank an alle bei Kyle Books, besonders an Judy, meine Lektorin, die mich immer mit einem Augenzwinkern begleitete, wenn ich mal wieder dabei war durchzudrehen, und mich mit feinfühligen Vorschlägen wieder auf die richtige Spur brachte.

An Kyle, der es mir möglich machte, Altbewährtes mit der ganzen Welt zu teilen … und den ganzen Rest des Teams bei Kyle Books, die das Ganze ins Rollen gebracht haben.

An Catch, die wieder einmal eine begnadete Fotografin war und all die kleinen Dinge auftrieb, die man bei so einem Shooting braucht, während sie meinen Ausschweifungen über Überflüssiges und Nutzloses lauschte.

An Polly, deine magischen Sprenkel auf Oberflächen, deine kleinen Tropfen vom Löffel, der leichte Dreh nach links oder das sachte Verschieben nach rechts haben jedem Schuss Leben eingehaucht.

Und nicht zuletzt danke ich meinem süßen Mädchen und den Jungs. Sie haben mir beim Testen der Rezepte geholfen, schluckten diverse Gebräue, wenn sie krank waren, bastelten allen möglichen Kleinkram, versuchten sich im Stillsein, wenn ich schreiben musste, und ertrugen meine Schimpferei, wenn ich eine Blockade hatte. Ihr drei seid mein Ein und Alles, ihr lasst jeden Tag die Sonne scheinen.

„LEBE JEDE JAHRESZEIT, WIE SIE KOMMT! ATME DIE LUFT, TRINKE, SCHMECKE DIE FRÜCHTE UND ÜBERLASSE DICH IHREM EINFLUSS."

HENRY DAVID THOREAU